MARCO POLO

NORWEGISCH

Sprachführer mit Insider-Tips

MAIRS GEOGRAPHISCHER VERLAG

INHALT

Titelbild: IFA Bilderteam / Förster, München;
S. 66, 67: Ali Mitgutsch „Komm mit ans Wasser", „Rundherum in meiner Stadt"
© Ravensburger Buchverlag Otto Maier GmbH

1. Auflage 1997 © Mairs Geographischer Verlag, Ostfildern
© auf der Basis PONS Reisewörterbuch Norwegisch
Copyright Ernst Klett Verlag für Wissen und Bildung GmbH, Stuttgart 1995
bearbeitet von Kari Bolstad und Erling Langleite
Redaktion: Ernst Klett Verlag für Wissen und Bildung, Stuttgart;
Mairs Geographischer Verlag, Ostfildern; Barbara Pflüger, Stuttgart; Erling Langleite, München
Umschlaggestaltung: Thienhaus / Wippermann (Büro Hamburg)
Printed in Germany

Gedruckt auf 100% chlorfrei gebleichtem Papier

Aussprache

Zur Erleichterung der Aussprache sind alle norwegischen Wörter und Wendungen zusätzlich mit einer einfachen Aussprache (in eckigen Klammern) versehen. Die Buchstaben in der Aussprache werden ausgesprochen wie im Deutschen, mit folgenden Sonderzeichen und Ausnahmen:	
'	vor einer Silbe bedeutet, daß die nachfolgende Silbe betont ist; z.B. Hallo! [hal'loh]

Beachten Sie:

- b, d, g, v werden im Norwegischen auch am Wortende stimmhaft ausgesprochen.
- Westnorwegen: er det [ähr de], har du [hahr dü], der nede [dähr 'nehde]
  Ostnorwegen: er det [äh de], har du [hah dü], der nede [däh 'nehde]
- Auslautendes d nach r ist stumm. Beispiele: jord [juhr] (Erde), bord [buhr] (Tisch).
  Auslautendes d nach einem Vokal wird in der Regel auch nicht ausgesprochen. Beispiele: med [meh] (mit), ved [weh] (bei), blad [blah] (Blatt), aber gud [gühd] (Gott)
- g wird in den Nachsilben -ig, -lig nicht ausgesprochen. Beispiele: viktig ['wickti] (wichtig), virkelig ['wirrkelli] (wirklich)
- Vor l wird das s im Ostnorwegischen [sch] ausgesprochen. Ausnahmen aber bei Namen, wo man beides hören kann. Beispiele: slå [schloh] (schlagen), slik [schlihk] (so), aber Oslo ['usslu] ['uschlu], Aslak ['asslack] ['aschlack].
  Als [sch] werden sonst skj, sj, sk + i, y, ei, øy und -rs ausgesprochen. Beispiele: skjegg [schegg] (Bart), sjel [schehl] (Seele), ski [schih] (Ski), sky [schüh] (Wolke), skei [schäi] (Löffel), skøyter ['schöüter] (Schlittschuhe), vers [wäsch] (Vers).
- Als [ch] werden kj, k+i, y, tj ausgesprochen. Beispiele: kjenne ['chenne] (kennen), kino ['chihnu] (Kino), kyr [chühr] (Kühe), tjern [chährn] (Teich).
- Als j werden j, gj, hj, g+i, y, ei ausgesprochen. Beispiele: jern [jährn] (Eisen), gjerne ['jährne] (gern), hjerne ['jährne] (Hirn), gift [jifft] (Gift, verheiratet), gyldig ['jülldi] (gültig), geit [jäit] (Ziege).

Silbenstruktur und Betonung

Im Norwegischen sind Silben immer gleich lang, d.h. sie enthalten entweder einen kurzen Vokal und einen langen Konsonanten oder einen langen Vokal und einen kurzen Konsonanten. In der Transkription wird nur die Länge des Vokals angegeben (durch „h"). Nach kurzen Vokalen sind die Konsonanten also immer lang zu sprechen.

Das norwegische Alphabet

A	a	[ah]	K	k	[koh]	U	u	[üh]
B	b	[beh]	L	l	[ell]	V	v	[weh]
C	c	[seh]	M	m	[emm]	W	w	['dobbel weh]
D	d	[deh]	N	n	[enn]	X	x	[ecks]
E	e	[eh]	O	o	[uh]	Y	y	[üh]
F	f	[eff]	P	p	[peh]	Z	z	[sett]
G	g	[geh]	Q	q	[küh]	Æ	æ	[äh]
H	h	[hoh]	R	r	[ärr]	Ø	ø	[öh]
I	i	[ih]	S	s	[ess]	Å	å	[oh]
J	j	[jeh]	T	t	[teh]			

Abkürzungen

adj	Adjektiv, Eigenschaftswort	adjektiv
adv	Adverb, Umstandswort	adverb
konj	Konjunktion, Bindewort	konjunksjon
el	Elektrizität	elektrisitet
etw	etwas	noe
f	Femininum, weiblich	femininum
jdm	jemandem	noen
jdn	jemanden	noen
m	Maskulinum, männlich	maskulinum
n	Neutrum, sächlich	neutrum
pers prn	Personalpronomen	personlig pronomen
pl	Plural, Mehrzahl	pluralis, flerfall
poss prn	Possessivpronomen	possessiv pronomen
prn	Pronomen, Fürwort	pronomen
prp	Präposition, Verhältniswort	preposisjon
s.	sich	seg
sing/sg	Singular, Einzahl	singularis, enfall
verb	Verb, Zeitwort	verb

Die Sprache

In Norwegen gibt es zwei offizielle Schriftsprachen, *Bokmål* und *Nynorsk*, und auch innerhalb dieser Schriftsprachen noch unterschiedliche Varianten.
Durch eine Reihe von Rechtschreibreformen haben sich beide im Laufe des 20. Jahrhunderts immer weiter aneinander angenähert. Gleichzeitg sind durch diese Reformen innerhalb beider Schriftsprachen verschiedene Varianten entstanden. So kann z. B. „Milch" auf Bokmål *melk* (eher traditionell) oder *mjølk* (dem Nynorsk und den Dialekten angenähert) heißen, auf Nynorsk heißt es immer *mjølk*. „Die Milch" kann auf Bokmål *melka, melken* oder *mjølka* heißen, auf Nynorsk *mjølka* oder *mjølki*.
Alle Norweger lernen in der Schule beide Schriftsprachen, wobei Bokmål im größten Teil des Landes, Nynorsk dagegen vor allem in ländlichen Gebieten Westnorwegens und in den Tälern Zentralnorwegens die Hauptsprache ist. Die mündliche Umgangssprache ist überall stark dialektal gefärbt, wobei in Ostnorwegen eine städtische Umgangssprache entstanden ist, die dem Bokmål nahesteht. Bokmål bildet die Grundlage der im Marco Polo Sprachführer verwendeten Sprachform.
Die folgende Darstellung basiert auf den häufigsten Formen des Bokmål und der ostnorwegischen Umgangssprache. In Fällen, wo zwei gleichberechtigte Formen existieren, werden beide durch / getrennt aufgeführt, wie im oben genannten Beispiel *melk* 〈*-a/-en*〉 / *mjølk*〈*-a*〉 〈die〉 Milch.

Hinweise zur Benutzung des Wörterbuches

In den Wortlisten am Ende eines Kapitels und im Wörterbuch (S. 84) steht das Substantiv in der Grundform. An erster Stelle folgt der bestimmte Artikel (-**en**, -**a** oder -**et**), der an den Stamm des Substantivs angehängt wird. An zweiter Stelle steht die Pluralendung: in der Regel wird der Plural durch Anhängen von -**er** gebildet. Hat der Plural Umlaut oder eine unregelmäßige Form, so ist die vollständige Pluralform angegeben.

kveld 〈-en, -er〉	lies:	kveld		Abend
		kvelden	der	Abend
		kvelder		Abende

Bei den schwachen Verben ist jeweils die Endung des Präteritum und des Partizip Perfekt angegeben, z. B.:

kjøpe 〈-te, -t〉	lies:	kjøpe	kaufen
		kjøpte	kaufte
		kjøpt	gekauft

Wie man Freunde gewinnt

Ja.	Ja. [jah]
Nein.	Nei. [näi]
Bitte. *(Beim Geben, Anbieten, Erlauben und als Antwort auf Danke)*	Vær så god! ['wäh scho guh]
(nach Entschuldigung)	Ingen årsak. [ingen 'ohschahk]
(beim Nichtverstehen)	Hva sa du? [wah 'sah düh]
(als wiederholte Aufforderung)	Vær så snill! ['wäh scho 'snill]
(Ja, bitte!)	Ja, takk! [ja 'tack]
Danke!	Takk! [tack]
Wie bitte?	Unnskyld? ['ünnschüll]
Einverstanden!	Enig! ['ehni]
In Ordnung!	Det er i orden! [de ähr i 'orrden]
Verzeihung!	Unnskyld! ['ünnschüll]
Ich möchte ...	Jeg vil/ville gjerne ... [jäi will/'wille 'jährne]
Gibt es ...?	Er det...? ['ähr de], Fins det...? ['finns de]
Hilfe!	Hjelp! [jelp]

Wer?	Hvem? [wemm]
Was?	Hva? [wah]
Welcher/Welche/Welches?	Hvilken?/Hvilken?/Hvilket?/Hvilke? *(pl)* ['willken/'willken/'willket/'willke]
Wem?	(Til) hvem? [(till) wemm]
Wen?	Hvem? [wemm]
Wieviel?	Hvor mye? [wurr 'müe]
Wie?	Hvordan? ['wurrdan]
Warum?	Hvorfor? ['wurrfor]
Wo?	Hvor? [wurr]
Wann?	Når? [norr]
Wie lange?	Hvor lenge? [wurr 'lenge]

KENNENLERNEN

GUTEN TAG!	GOD DAG! [gu 'dahg]
Guten Morgen!	God morgen! [gu 'moern]

In der Umgangssprache sagt man den ganzen Tag „morgen" [morn]

Guten Abend!	God kveld! [gu 'kwell]
Hallo!/Grüß dich!	Hallo!/Hei! [hal'loh/häi]
Wie ist Ihr Name, bitte?	Unnskyld, hva var navnet? ['ünnschüll wah wahr 'nawwne]
Wie heißt du?	Hva heter du? [wah 'hehter dü]

Per „Du"

Die höfliche Anrede „De" ist im Norwegischen eher unüblich – sie beschränkt sich unter anderem auf den Kontakt mit älteren unbekannten Leuten, in Geschäften und bei unpersönlicher Korrespondenz. Doch auch hier bürgert sich das persönliche „Du" immer mehr ein.

MEIN NAME IST .../ ICH HEISSE ...	NAVNET MITT ER... ['nawwne mitt ähr]/ JEG HETER... [jäi 'hehter]
Freut mich!	Gleder meg! ['glehder mäi]
Darf ich bekannt machen?	Får jeg presentere? [fohr jäi pressang'tehre]
Dies ist ... Frau X. Herr X.	Dette er... ['dette ähr] Fru X [früh] Herr X [härr]
Wie geht es Ihnen/dir?	Hvordan har du det? ['wurrdan hahr düh de]
Wie geht's?	Hvordan går det? [wurrdan 'gohr de]/ Hvordan står det til? [wurrdan sstohr de 'till]
Danke.	Takk, bra. [tack 'brah]
Und Ihnen/dir?	Og med deg? [oh meh 'däi]

Woher kommen Sie/ kommst du?	Hvor kommer du fra? [wurr 'kommer düh frah]
Ich bin aus ...	Jeg kommer fra... [jäi 'kommer frah]
Wie alt sind Sie/bist du?	Hvor gammel er du? [wurr 'gammel ähr dü]
Ich bin 39.	Jeg er trettini. [jäi ähr tretti'nih]

JA, BITTE — JA, TAKK! ['jah tack]

Darf ich dich um einen Gefallen bitten?	Kan du gjøre meg en tjeneste? [kann dü 'jöhre mäi en 'tjehnesste]
Gestatten Sie?	Tillater du? ['tillahter dü]
Können Sie mir bitte helfen?	Unnskyld, kan du hjelpe meg? ['ünnschüll kann dü 'jelpe mäi]

DANKE! — TAKK! [tack]

"Takk": Ein „Danke" für alle Gelegenheiten

Im Norwegischen sagt man häufig "takk". Oft fügt man auch hinzu, wofür man sich bedankt, z. B.:

Takk for besøket.	[tack for be'söhke]	*(Danke für den Besuch.)*
Takk for lånet.	[tack for 'lohne]	*(Danke fürs Ausleihen.)*
Takk for i går.	[tack for i 'gohr]	*(Danke für gestern.* [nach einer Einladung]*)*
Takk for maten.	[tack for 'mahten]	*(Danke fürs Essen.* [nach der Mahlzeit]*)*
Takk for sist.	[tack fo 'schist]	*(Danke für neulich.)*

Vielen Dank!	Mange takk! ['mange 'tack]
Danke, sehr gern!	Takk svært gjerne! ['tack swährt 'jährne]
Nein, danke!	Nei, takk! ['näi tack]
Danke, gleichfalls!	Takk, i like måte! [tack i 'lihge 'mohde]
Das ist nett, danke.	Takk, det var fint. ['tack 'deh war 'fihnt]
Mit Vergnügen!	Med glede! [meh 'glehde]
Bitte sehr.	Ingen årsak. ['ingen 'ohschahk]
Gern geschehen.	Det var da så lite. [de 'wahr da so 'lihte]

ENTSCHULDIGUNG! — UNNSKYLD! ['ünnschüll]

Das tut mir leid.	Jeg beklager. [jäi be'klahger]
Schade!	Så synd! [so 'sünn]

WIE BITTE?	UNNSKYLD? ['ünnschüll]
Ich verstehe Sie/dich nicht.	Jeg forstår deg ikke. [jäi fo'schtohr däi icke]
Bitte, wiederholen Sie/ wiederhole es.	Kan du være så snill å gjenta? [kann du wah scho snill o 'jenntah]
Bitte sprechen Sie/sprich etwas langsamer.	Vær så snill og snakk litt langsommere. ['wäh scho 'snill o 'snack litt 'langsommere]
Ich verstehe.	Jeg forstår. [jäi fo'schtohr]
Ich spreche nur wenig …	Jeg snakker bare litt… [jäi 'snacker 'bahre litt]
Schreiben Sie/Schreibe es mir bitte auf!	Kan du skrive det opp for meg? ['kann dü skrihwe de 'opp for mäi]

VERABREDUNG/FLIRT	AVTALE ['ahwtahle] / FLØRT [flöhrt]
Haben Sie/Hast du für morgen schon etwas vor?	Skal du noe i morgen? ['skall dü nue i 'moern]
Wann treffen wir uns?	Når skal vi treffes? ['no schkall wi 'treffes]
Sind Sie verheiratet?	Er du gift? [ähr dü 'jifft]
Hast du einen Freund/eine Freundin?	Har du noen venn/venninne? [hahr du nuen 'wenn/wen'ninne]

"Supert!"

Jeder Mensch freut sich über einen begeisterten Gesprächspartner. Hier folgen ein paar Ausdrücke, mit denen Sie Ihre Freude und Bewunderung ausdrücken können:

fantastisk	[fan'tasstissk]	*(fantastisch)*
utmerket	['ühtmärket]	*(ausgezeichnet)*
supert	['sühpert]	*(super)*
suverent	[süwe'rehnt]	*(meisterhaft)*
tøft	[töfft]	*(toll* [unter Jugendlichen]*)*
storartet	['sstuhrarrtet]	*(großartig, einmalig)*
flott	[flott]	*(hervorragend, sehr gut)*
herlig	[hährli]	*(herrlich)*
eventyrlig	['ähwen'tührli]	*(abenteuerlich, märchenhaft, wunderbar)*
topp	[topp]	*(spitze* [unter Jugendlichen]*)*
jævla bra	['jähwla brah]	*(verdammt/verflucht gut)*
jævla vanskelig	['jähwla 'wannskeli]	*(verdammt/verflucht schwer)*
kjempebra ..., megabra ...	['chämpebrah], [mehgabrah]	*(riesig ...* [besonders unter Jugendlichen]*)*

Ich habe mich den ganzen Tag auf Sie/dich gefreut.	Jeg har gledet meg til å møte deg i hele dag. [jäi hahr 'glehdet mäi till o 'möhte däi i 'hehle dahg]
Du hast wunderschöne Augen!	Du har vidunderlig vakre øyne. [düh hahr wid'ünnderli 'wackre 'öüne]
Ich liebe dich!	Jeg elsker deg! [jäi 'ällsker däi]
Ich habe mich in dich verliebt.	Jeg er forelsket i deg. [jäi ähr for'ällsket i däi]
Ich mich auch in dich.	Jeg i deg også. ['jäi i 'däi 'osso]
Ich möchte mit dir schlafen.	Jeg har lyst til å ligge med deg. [jäi hahr 'lüsst till o 'ligge meh däi]
Ich will nicht.	Jeg vil ikke. [jäi 'will icke]
Hör sofort auf!	Hold opp med en gang. [holl 'opp me 'ehn gang]
Aber nur mit Kondom!	Men bare med kondom (gummi). [menn 'bahre me kun'duhm (gümmi)]
Hast du Kondome?	Har du kondomer? [hahr du kun'duhmer]
Darf ich Sie/dich nach Hause bringen?	Får jeg følge deg hjem? [fohr jäi 'fölle däi 'jemm]
Bitte geh jetzt!	Vær så snill å gå nå! [wäh scho 'snill o goh noh]
Lassen Sie mich bitte in Ruhe!	Vær så vennlig å la meg være i fred! ['wäh scho 'wennli o lah mäi währe i 'freh]
Hau ab!	Forsvinn! [fo'schwinn]

AUF WIEDERSEHEN! — ADJØ!/PÅ GJENSYN! [a'djöh/po 'jennssühn]

Bis bald!	Vi sees! [wi 'sees]
Bis später!	Vi sees seinere! [wi 'sees 'säinere]
Bis morgen!	Vi sees i morgen! [wi 'sees i 'moern]
Gute Nacht!	God natt! [gu 'natt]
Tschüs!	Ha det! ['hah de]

HERZLICHEN GLÜCKWUNSCH! | HJERTELIG TIL LYKKE! ['järrteli till 'lücke]

Alles Gute zum Geburtstag!	Gratulerer med bursdagen! [gratü'lehrer me 'büschdahgen]
Alles Gutc!	Lykke til! ['lücke 'till]
Viel Erfolg!	Lykke til! ['lücke 'till]
Viel Glück!	Lykke til! ['lücke 'till]
Gute Besserung!	God bedring! ['guh 'behdring]

WO GEHT'S LANG?

Bitte, wo ist …?	Unnskyld, hvor ligger …? ['ünnschüll wurr 'ligger]
Tut mir leid, das weiß ich nicht.	Dessverre, det vet jeg ikke. [dess'wärre 'deh'weht jäi icke]
Welches ist der kürzeste Weg nach/zu …?	Hva er den korteste veien til …? [wah ähr denn 'kurrtesste 'wäien till]
Wie weit ist das?	Hvor langt er det? [wurr 'langt ähr de]
Wie weit ist es zum/zur …?	Hvor langt er det til …? [wurr 'langt ähr de till]
Es ist weit. Es ist nicht weit.	Det er langt. [de 'ähr 'langt] Det er ikke langt. [de 'ähr icke 'langt]
Gehen Sie geradeaus/nach links/nach rechts.	Gå rett fram/til venstre/til høyre. [goh 'rett 'framm/till 'wennsstre/till 'höüre]
Erste/Zweite Straße links/rechts.	Første/Andre gate til venstre/til høyre. ['föschte/'anndre 'gahte till 'wennsstre/till 'höüre]
Überqueren Sie … die Brücke. den Platz. die Straße.	Gå over … [go 'ohwer] brua. ['brʉa] plassen. ['plassen] gata. ['gahta]
Dann fragen Sie noch einmal.	Så spør du igjen. [soh 'sspörr dü i'jenn]
Sie können es nicht verfehlen.	Du kan ikke ta feil. [dü 'kann icke tah 'fäil]
Sie können den Bus Nr. … nehmen.	Du kan ta buss nummer … [dü kann tah 'büss nummer]

ZEIT

UHRZEIT	KLOKKA ['klocka]
Wieviel Uhr ist es?	Hvor mye er klokka? [wurr 'müe ähr 'klocka]
Es ist (genau/ungefähr) …	Den er (nøyaktig/omtrent) … [denn ähr (nöü'ackti/omm'trennt)]
 3 Uhr.	tre. [treh]
 5 nach 3.	fem over tre. ['femm ohwer 'treh]
 3 Uhr 10.	ti over tre. ['ti ohwer 'treh]
 Viertel nach 3.	kvart over tre. ['kwarrt ohwer 'treh]
 halb 4.	halv fire. [hall 'fihre]
 Viertel vor 4.	kvart på fire. ['kwarrt po 'fihre]
 5 vor 4.	fem på fire. ['femm po 'fihre]
 12 Uhr mittag/ Mitternacht.	tolv om dagen. ['toll omm 'dahgen]/ midnatt. ['middnatt]
Um wieviel Uhr?/Wann?	Når? [norr]
Um 1 Uhr.	Klokka ett. [klocka 'ett]
Gegen 4 Uhr.	Ved firetiden. ['we 'fihretihden]
In einer Stunde.	Om en time. [omm en 'tihme]
Nicht vor 9 Uhr morgens.	Ikke før klokka ni om morgenen. ['icke föhr klocka 'nih omm 'moernen]
Nach 8 Uhr abends.	Etter klokka åtte om kvelden. ['etter klocka 'otte omm 'kwellen]
Zwischen 3 und 4.	Mellom tre og fire. [mellom 'treh o 'fihre]
Wie lange?	Hvor lenge? [wurr 'lenge]
Zwei Stunden (lang).	To timer. ['tuh 'tihmer]
Von 10 bis 11.	Fra ti til elleve. [fra 'tih till 'ellwe]
Bis 5 Uhr.	Til klokka fem. [till klocka 'femm]
Seit wann?	Fra når? [fra 'norr]
Seit 8 Uhr morgens.	Fra klokka åtte i dag tidlig. [fra klocka 'otte i dahg tihdli]
Seit einer halben Stunde.	I en halv time. [i en hall 'tihme]
Seit acht Tagen.	I åtte dager. [i 'otte 'dahger]

SONSTIGE ZEITANGABEN	ØVRIGE TIDSANGIVELSER ['öhwrie tiddsannjihwelser]
abends	om kvelden [omm 'kwellen]
alle halbe Stunde	hver halvtime [währ 'halltihme]
alle zwei Tage	annenhver dag ['aenwähr 'dahg]
am Sonntag	(på) søndag [(po) 'sönndag]
am Wochenende	i helgen [i 'hellgen]
bald	snart [snahrt]
diese Woche	denne uka [denne 'ühka]
gegen Mittag	ved tolvtiden [we 'tolltihden]
gestern	i går [i 'gohr]
heute	i dag [i 'dahg]
in 14 Tagen	om fjorten dager [omm 'fjurrten 'dahger]
innerhalb einer Woche	i løpet av ei uke [i löhpe aww äi 'ühke]
jeden Tag	hver dag [währ dahg]
jetzt	nå [noh]
kürzlich	nylig ['nühli], nyss [nüss]
letzten Montag	sist mandag [sisst 'manndag]
manchmal	iblant [i'blannt]
mittags	ved middagstid [we 'middagsstih]
morgen	i morgen [i 'moern]
morgens	om morgenen [omm 'moernen]
nachmittags	om ettermiddagen [omm 'ettermiddagen]
nächstes Jahr	neste år ['nesste 'ohr]
nachts	om natta [omm 'natta]
stündlich	hver time [währ 'tihme]
täglich	daglig ['dahgli]
tagsüber	om dagen [omm 'dahgen]
übermorgen	i overmorgen [i 'ohwermoern]
von Zeit zu Zeit	fra tid til annen [fra 'tih till 'aen]
vor zehn Minuten	for ti minutter siden [for 'tih mi'nütte schihden]
vorgestern	i forgårs [i 'forrgohsch]
vormittags	om formiddagen [omm 'forrmiddagen]

DATUM	DATO ['dahtu]
Den Wievielten haben wir heute?	Hvilken dato har vi i dag? ['willken 'dahtu hahr wi i 'dahg]
Heute ist der 1. Mai.	I dag er det den første mai. [i 'dahg ähr de denn 'föschte 'mai]

WOCHENTAGE — UKEDAGER ['ühkedahger]

Montag .... mandag ['manndag]
Dienstag .... tirsdag ['tihschdag]
Mittwoch .... onsdag ['unnssdag]
Donnerstag .... torsdag ['tuhschdag]
Freitag .... fredag ['frehdag]
Samstag .... lørdag ['löhrdag]
Sonntag .... søndag ['sönndag]

MONATE — MÅNEDER ['mohneder]

Januar . januar [janü'ahr]
Februar . februar [febbrü'ahr]
März ... mars [masch]
April ... april [a'prihl]
Mai .... mai ['mai]
Juni .... juni ['jühni]
Juli .... juli ['jühli]
August ... august [äü'güst]
September . september [sep'temmber]
Oktober .. oktober [ok'tohber]
November . november [nu'wemmber]
Dezember . desember [de'semmber]

JAHRESZEITEN — ÅRSTIDER ['ohschtihder]

Frühling vår [wohr]
Sommer sommer ['sommer]
Herbst høst [hösst]
Winter vinter ['winter]

FEIERTAGE — HELLIGDAGER ['hellidahger]

Neujahr .... nyttår ['nüttohr]
Dreikönigstag .... trettendedagen ['trettendedahgen]
Fastnacht .... fastelavn ['fasstelawwn]
Gründonnerstag .... skjærtorsdag ['schährtuhschdag]
Karfreitag .... langfredag ['langfrehdag]
Ostern .... påske ['pohske]
Ostermontag .... annen påskedag ['aen 'pohskedahg]
1. Mai .... første mai ['föschte 'mai]
Christi Himmelfahrt ..... Kristi himmelfartsdag ['krissti 'himmelfarrtssdahg]
Nationalfeiertag (17. Mai) nasjonaldagen [naschu'nahldahgen ('süttende 'mai)]
Pfingsten .... pinse ['pinnsse]
Pfingstmontag .... andre pinsedag ['anndre 'pinnssedahg]
Heiliger Abend .... julekvelden ['jühlekwellen]
Weihnachten .... jul [jühl]
1. Weihnachtsfeiertag .... første juledag ['föschte 'jühledahg]
2. Weihnachtsfeiertag .... annen juledag ['aen 'jühledahg]
Silvesterabend .... nyttårsaften ['nüttohschafften]

WETTER

Wie wird das Wetter heute?	Hvordan blir været i dag? ['wurrdan blihr 'währe i 'dahg]
Es bleibt schön/schlecht.	Det fine/dårlige været fortsetter. [de 'fihne/'dohrlie 'währe 'furrtssetter]
Es wird wärmer/kälter.	Det blir varmere/kaldere. [de blihr 'warrmerre/'kallere]
Es soll regnen/schneien.	Det blir regn/snø. [de blihr 'räin/'snöh]
Es ist kalt/heiß/schwül.	Det er kaldt/varmt/lummert. [de ähr kallt/warrmt/'lummert]
Wieviel Grad haben wir heute?	Hvor mange grader er det i dag? [wurr 'mange 'grahder ähr de i 'dahg]
Es ist 20 Grad Celsius.	Det er 20 grader (Celsius). [de ähr 'chue 'grahder ('ssellsiuss)]

bewölkt	skyet ['schüet]
Blitz	lyn, -et, - [lühn]
Donner	torden, -en ['turrden]
Ebbe	fjære, -a ['fjähre]
Flut	flo, -a/-en [fluh]
Frost	frost, -en [frost]
Gewitter	tordenvær, -et, - ['turrdenwähr]
Glatteis	hålke, -a/-en ['hollke], glatt føre [glatt föhre]
heiß	varmt [warrmt], hett [hett]
Hitze	varme ['warrme]
kalt	kaldt [kallt]
Klima	klima, -et, - ['klihma]
Luft	luft, -en [lüfft]
naß	våt [woht]
Nebel	tåke, -a/-en, -er ['tohke]
Regen	regn, -et [räin]
regnerisch	regnfullt ['räinfüllt]
Schnee	snø, -en [snöh]
schwül	lummert ['lummert]
Sonne	sol, -a/-en, -er [suhl]
sonnig	solrikt ['suhlrihkt]
Temperatur	temperatur, -en, -er [tempera'tühr]
trocken	tørr [törr]
Überschwemmung	oversvømmelse, -en, -er ['ohweschwömmelse]
warm	varm [warrm]
wechselhaft	skiftende ['schifftende]
Wind	vind, -en, -er [winn]
Wolke	sky, -a/-en, -er [schüh]

Wie weit ist es noch?

… MIT DEM AUTO/MOTORRAD/FAHRRAD

ENTSCHULDIGUNG, WIE KOMME ICH NACH …? — UNNSKYLD, HVORDAN KOMMER JEG TIL…? ['ünnschüll 'wurrdann 'kommer jäi till]

Wie weit ist das?	Hvor langt er det? [wurr 'langt ähr de]

En mil = 10 km

Zwar sind auf Straßenschildern Kilometer-Angaben üblich, sonst werden die Entfernungen jedoch meistens in norwegischen Meilen angegeben.

Bitte, ist das die Straße nach …?	Unnskyld, er dette veien til …? ['ünnschüll ähr dette 'wäien till]
Immer geradeaus bis …	Rett fram til … ['rett 'framm till]
Dann links/rechts abbiegen.	Så ta til venstre/høyre. [soh tah till 'wennsstre/'höüre]

VOLLTANKEN, BITTE — FULL TANK, TAKK [füll 'tank tack]

Wo ist bitte die nächste Tankstelle?	Unnskyld, hvor er nærmeste bensinstasjon? ['ünnschüll wurr ähr 'närrmesste ben'sihnssta'schuhn]
Ich möchte … Liter …	Jeg skal ha … liter … [jäi skall hah … 'lihter]
Normalbenzin.	normalbensin. [nur'mahlben'sihn]
Super.	super. ['sühper]
Diesel.	diesel. ['dihssel]
bleifrei/verbleit/mit … Oktan.	blyfri/blyholdig/med… oktan. ['blühfrih/'blühholldi/me … ok'tahn]
Prüfen Sie bitte den Ölstand/den Reifendruck.	Kunne du være så vennlig å kontrollere oljen/dekktrykket? [künne dü 'währe so 'wennli oh kunntrul'lerre 'olljen/'decktrücke]

PARKEN	PARKERING [par'kehring]
Gibt es hier in der Nähe eine Parkmöglichkeit?	Fins det noen parkeringsplass her i nærheten? [finns de nuen par'kehringssplass hähr i 'nährhehten]
Kann ich den Wagen hier abstellen?	Kan jeg sette bilen her? [kann jäi 'sette 'bihlen 'hähr]

ICH HABE EINE PANNE	JEG HAR EN SKADE PÅ BILEN [jäi hahr en 'skahde po 'bihlen]
Ich habe einen Platten.	Jeg har punktert. [jäi hahr pünk'tehrt]
Würden Sie mir bitte einen Abschleppwagen schicken?	Kunne dere sende en bergingsbil? [künne dehre 'senne en 'bärrgingsbihl]
Könnten Sie mir mit Benzin aushelfen?	Kunne du hjelpe meg med litt bensin? [künne dü 'jellpe mäi meh litt ben'sihn]
Könnten Sie mir beim Reifenwechsel helfen?	Kunne du hjelpe meg med å skifte dekk? [künne dü 'jellpe mäi meh o schiffte 'deck]
Würden Sie mich bis zur nächsten Werkstatt mitnehmen?	Kunne du ta meg med til nærmeste verksted? [künne du tah mäi 'meh till närrmesste 'wärrksstehd]

WO IST HIER IN DER NÄHE EINE WERKSTATT?	FINS DET ET VERKSTED I NÆRHETEN? [finns de ett 'wärrksstehd i 'nährhehten]
Mein Wagen springt nicht an.	Bilen min starter ikke. ['bihlen minn 'sstarrter icke]
Die Batterie ist leer.	Batteriet er utladet. [batte'rie ähr 'ühtlahdet]
Mit dem Motor stimmt was nicht.	Det er noe galt med motoren. [de 'ähr nue 'gahlt me 'muhturen]
Die Bremsen funktionieren nicht.	Bremsene fungerer ikke. ['bremsene fün'gehrer icke]
... ist defekt.	... er defekte. [ähr de'fekte]
Der Wagen verliert Öl.	Bilen lekker olje. [bihlen lecker 'ollje]
Können Sie mal nachsehen?	Vil du undersøke hva det er som er galt? [will dü ünnde'schöhke wah de äh schomm ähr 'gahlt]
Wechseln Sie bitte die Zündkerzen aus.	Kan du være vennlig å bytte tennpluggene? [kann dü währe 'wennli o 'bütte 'tennplüggene]
Was wird es kosten?	Hva vil det koste? [wah will de 'kosste]

ES IST EIN UNFALL PASSIERT | DET HAR SKJEDD EN ULYKKE [de hah schedd en 'ühlücke]

Rufen Sie bitte schnell …	Vær så snill og ring etter … straks. ['wäh scho 'snill o 'ring etter … sstracks]
einen Krankenwagen.	en sjukebil [en 'schühkebihl]
die Polizei.	politiet [puli'tie]
die Feuerwehr.	brannvesenet ['brannwehssene]
Haben Sie Verbandszeug?	Har du forbindingssaker? [hahr dü for'binningssahker]
Es war meine Schuld.	Det var min skyld. [de wahr 'minn 'schüll]
Es war Ihre Schuld.	Det var din skyld. [de wahr 'dinn 'schüll]
Sollen wir die Polizei holen, oder können wir uns so einigen?	Skal vi hente politiet, eller kan vi bli enige her? [skall wi hennte puli'tie eller kann wi blih 'ehnie 'hähr]
Ich möchte den Schaden durch meine Versicherung regeln lassen.	Jeg vil la forsikringsselskapet mitt ordne med skaden. [jäi will lah fo'schickringsselskahpe mitt 'orrdne meh 'skahden]
Geben Sie mir bitte Ihren Namen und Ihre Anschrift/Namen und Anschrift Ihrer Versicherung.	Kan jeg få navnet og adressen din/navnet og adressen til ditt forsikringsselskap? [kann jäi foh 'nawwne o a'dressen dinn/'nawwne o ad'ressen till ditt fo'schickringsselskap]
Vielen Dank für Ihre Hilfe.	Mange takk for hjelpen. [mange tack for 'jellpen]

AUTO-/MOTORRAD-/FAHRRADVERMIETUNG | BIL-/MOTORSYKKEL-/SYKKELUTLEIE [bihl 'muhtuschückel 'ssückelühtläie]

Ich möchte für zwei Tage/eine Woche … mieten.	Jeg ville gjerne leie … i to dager/en uke. [jäi 'wille 'jährne 'läie … i tuh 'dahger/ehn 'ühke]
einen (Gelände-)Wagen	en bil (terrengbil) [en bihl (enn ter'rängbihl)]
ein Motorrad	en motorsykkel [en 'muhtuschückel]
ein Fahrrad	en sykkel [en 'ssückel]
Wieviel verlangen Sie pro gefahrenen km?	Hva koster det pr. kilometer? [wa 'kosster de perr 'chihlumehter]
Ist das Fahrzeug vollkaskoversichert?	Er bilen fullt kaskoforsikret? [ähr 'bihlen füllt 'kasskufoschickret]
Ist es möglich, das Fahrzeug in … abzugeben?	Er det mulig å levere bilen i …? [ähr de 'mühli o le'wehre bihlen i]

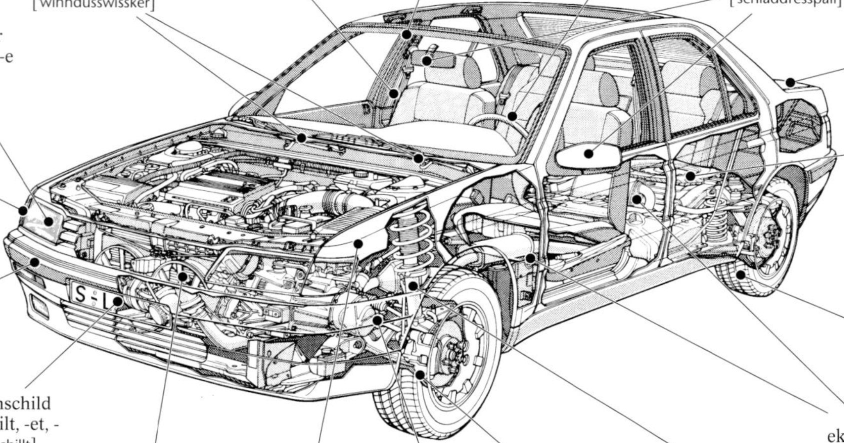
Windschutzscheibe
frontrute, -a, -r ['fronntrühte]
Sicherheitsgurt
bilbelte, -et, -er
['bihlbellte]
Lenkrad
ratt, -et, - [ratt]
Scheibenwischer
vindusvisker, -en, -e
['winndüsswissker]
Rückspiegel
sladrespeil, -et, -
['schladdresspäil]
Kofferraum
bagasjerom, -met, -
[ba'gahscherumm]
Scheinwerfer
lyskaster, -en, -e
['lühskasster]
Blinker
blinklys, -et, -
['blinklühs]
Ersatzrad
reservehjul, -et, -
[res'särrwejühl]
Stoßstange
støtfanger, -en, -e
['sstöhtfanger]
Autoreifen
bildekk, -et, -
['bihldeck]
Nummernschild
nummerskilt, -et, -
['nummeschillt]
Auspuff
eksosrør, -et, -
[ek'suhssröhr]
Kühler
kjøler, -en, -e
['chöhler]
Stoßdämpfer
støtdemper, -en, -e
['sstöhtdemper]
Kotflügel
skjerm, -en, -er
[schärrm]
Achse
aksling, -en, -er
['ackschling]
Bremse
bremse, -a/-en, -er
['bremse]

Abblendlicht	nærlys, -et, - ['nährlühs]
abschleppen	slepe bort, -te, -t [schlehpe 'burrt]
Abschlepp|seil	slepetau, -et, - ['schlehpetäü]
~wagen	bergingsbil, -en, -er ['berrgingsbihl]
Ampel	trafikklys, -et, - [tra'ficklühs]
Anlasser	startmotor, -en, -er ['sstarrtmuhtur]
Autobahn	motorvei, -en, -er ['muhturwäi]
Baustelle	veiarbeid/vegarbeid, -et, -er ['wäiarrbäid]
Benzin	bensin, -en [ben'sihn]
~kanister	bensinkanne, -a/-en, -er [ben'sihnkanne]
Bremsbelag	bremsebelegg, -et, - ['bremsebellegg]
Bußgeld	bot, -a/-en, bøter [buht]
Defekt	defekt [de'fekt]
Dichtung	pakning, -en, -er ['packning]
Fahrrad	sykkel, -en, sykler ['ssückel]
Fahrspur	kjørefelt, -et, - ['chöhrefellt]
Fehlzündung	feiltenning, -en ['fäiltenning]
Felge	felg, -en, -er [fellg]
Fernlicht	fjernlys, -et, - ['fjährnlühs]
Flickzeug	lappesaker *(pl)* ['lappessahker]
Führerschein	førerkort, -et, - ['föhrerkorrt]
Fußbremse	fotbremse, -a/-en, -er ['fuhtbremse]

Gang	gir, -et, - [gihr]
Gaspedal	gasspedal en, -er ['gasspeddahl]
gebrochen	brukket ['brucket]
Gepäckträger *(Fahrrad)*	bagasjebærer, -en, -e [ba'gahschebährer]
(Auto)	takgrind ['tahkgrinn]
Getriebe	girkasse, -a/-en, -er ['gihrkasse]
Handbremse	håndbremse, -a/-en, -er ['honnbremse]
Heizung	varme, -en ['warrme]
Hupe	horn, -et, - [huhrn]
Kabel	kabel, -en, kabler ['kahbel]
Karosserie	karosseri, -et, - [karosse'ri]
Klingel	ringeklokke, -a/-en, -er ['ringeklocke]
Kühlwasser	kjølevæske, -a/-en, -er ['chöhlewesske]
Kupplung	kløtsj, -en, -er [klöttsch]
Kurve	sving, -en, -er [swing]
Kurzschluß	kortslutning, -en, -er ['kurrtschlüttning]
Landstraße	landevei, -en, -er ['lannewäi]
Lichtmaschine	dynamo, -en, -er [dü'nahmu]
Motor	motor, -en, -er ['muhtur]
~rad	motorsykkel, -en, -sykler ['muhtuschückel]
~roller	scooter, -en, -e ['skühter]
Notrufsäule	nødtelefon, -en, -er ['nöhdtelleffuhn]
Oktanzahl	oktantall, -et, - [ok'tahntall]

Hinweise und Informationen

Adgang forbudt	Kein Zutritt
Ankomst	Ankunft
Avgang	Abfahrt
Avkjøring	Ausfahrt
Åpen	Geöffnet
Barn	Schulkinder überqueren
Begrenset akseltrykk	Gewichtsgrenze
Billettluke	Fahrkartenschalter
Damer	Damen
Enveiskjøring	Einbahnstraße
Farlig kryss	Gefährliche Einmündung
Farlig sving	Gefährliche Kurve
Fartsbegrensing	Geschwindigkeitsbegrenzung
Forbikjøring forbudt	Überholen verboten
Fotgjengerovergang	Fußgängerübergang
Fotgjengerundergang	Fußgängerunterführung
Funksjonshemmede	Schwerbehinderte
Glatt kjørebane	Rutschgefahr
Herrer	Herren
Informasjon/Opplysning	Auskunft
Inngang	Eingang
Innkjøring forbudt	Keine Einfahrt
Innsnevret kjørebane	Fahrbahnverengung

Öl	olje, -en ['ollje]
~wechsel	oljeskift, -et, -er ['olljeschifft]
Panne	uhell, -et, - ['ühhell]
Pannendienst	redningstjeneste, -en, -er ['reddningsstjehnesste]
Papiere	papirer *(pl)* [pa'pihrer]
Park|haus	parkeringshus, -et, - [par'kehringshühs]
~platz	parkeringsplass, -en, -er [par'kehringssplass]
Plattfuß	et punktert hjul [ett pünk'tehrt jühl]
Promille	promille, -en, -er [pru'mille]
PS	hestekrefter *(pl)* ['hesstekreffter]
Radarkontrolle	radarkontroll, -en, -er ['rahdarkunntroll]
Raststätte	rasteplass, -en, -er ['rassteplass]
Schalthebel *(Auto)*	girstang, -a/-en, -stenger ['gihschtang]
Schiebedach	takluke, -a/-en, -er ['tahklühke]
Schraube	skrue, -en, -er ['skrue]
Schraubenschlüssel	skrunøkkel, -en, -nøkler ['skrühnöckel]
Schutzblech	skjerm, -en, -er [scherrm]
Sicherung	sikring, -en, -er ['ssickring]
Standlicht	parkeringslys, -et, - [par'kehringslühs]
Starthilfekabel	startkabel, -en, -kabler ['sstarrtkahbel]
Stau	kø, -en, -er [köh]
Straße	gate, -a/-en, -er ['gahte]
Straßenkarte	bilkart, -et, - ['bihlkarrt], veikart, -et, - ['wäikarrt]
Sturzhelm	styrthjelm, -en, -er ['sstürrtjellm]
Tachometer	fartsmåler, -en, -e ['farrtsmohler]
Tankstelle	bensinstasjon, -en, -er [ben'sihnsstaschuhn]
Tramper	haiker, -en, -e ['haiker]
Umleitung	omkjøring, -en, -er ['ommchöhring]
Ventil	ventil, -en, -er [wen'tihl]
Vergaser	forgasser, -en, -e ['forgasser]
Versicherungskarte, grüne	grønt (forsikrings)kort ['grönnt (foschickrings)'korrt]
Vollkasko	fullkasko, -en, -er ['füllkassku]
Wagen|heber	biljekk, -en, -er ['bihljeck]
~wäsche	bilvask, -en, -er ['bihlwassk]
Warn|blinker	varsellys, -et, - ['waschelühs]
~dreieck	varseltrekant, -en, -er ['wascheltrehkannt]
Wegweiser	veiviser, -en, -e ['wäiwihsser]
Werk|statt	verksted, -et, -er ['wärrkssteh(d)]
~zeug	verktøy, -et ['wärrktöü]
Zünd|kerze	tennplugg, -en, -er ['tennplügg]
~schloß	tenningslås, -en, -er ['tenningslohs]
~schlüssel	tenningsnøkkel, -en ['tenningsnöckel]
Zündung	tenning, -en ['tenning]

... MIT DEM FLUGZEUG

ABFLUG — AVGANG ['ahwgang]

Wo ist der Schalter der ...-Fluggesellschaft?	Hvor er ... billettluken til ... flyselskapet? [wurr ähr bi'lettlühken till ... 'flühssellskahpe]
Wann fliegt die nächste Maschine nach ...?	Når går neste fly til ...? [norr gohr 'nesste flüh till]
Ich möchte einen einfachen Flug/Hin- und Rückflug nach ... buchen.	Jeg vil gjerne ha en enkeltbillett/tur-returbillett til ... takk. [jäi will 'jährne hah enn 'enkeltbillett/'tühr-re'tührbillett till ... tack]
Sind noch Plätze frei?	Er det ledige plasser fortsatt? [ähr de 'lehdie 'plasser 'forrtssatt]
Nichtraucher, bitte.	Ikke-røykere, takk. ['icke röükere tack]
Ich möchte diesen Flug stornieren.	Jeg vil gjerne avbestille denne flybilletten. [jäi will 'jährne 'ahwbesstille denne 'flühbilletten]
Kann ich das als Handgepäck mitnehmen?	Kan jeg ta med det som håndbagasje? [kann jäi tah me 'deh somm 'honnbagahsche]
Hat die Maschine nach ... Verspätung?	Er flyet til ... forsinket? [ähr 'flüe till ... fo'schinket]

ANKUNFT — ANKOMST ['annkommsst]

Mein Gepäck ist verlorengegangen.	Bagasjen min er vekk. [ba'gahschen minn ähr 'weck]
Mein Koffer ist beschädigt worden.	Kofferten min er blitt skadet. ['kufferrten minn ähr blitt 'skahdet]

Ankunftszeit	ankomsttid, -en, -er ['annkommsstih]
Anschluß	forbindelse, -en, -er [for'binnelse]
anschnallen, sich	spenne seg fast, -te, -t [sspenne säi 'fasst]
Anschnallgurt	sikkerhetsbelte, -et, -er ['sickerhehtsbellte]
Besatzung	besetning, -en, -er [bes'settning]
an Bord	om bord [omm 'buhr]
Bordkarte	boarding card ['bohrding kahrd]
Buchung	bestilling, -en, -er [be'sstilling]
Charterflug	charterfly, -et, - ['tschahrteflüh]
Direktflug	direkte forbindelse, -en, -er [di'rekte for'binnelse]
einchecken	sjekke inn, -et, -et/-a, -a [schecke 'inn]
Fenstersitz	vindusplass, -en, -er ['winndüssplass]

Flug	flyreise, -a/-en, -er ['flühräisse]
~gesellschaft	flyselskap, -et, - ['flühssellskahp]
~hafenbus	flyplassbuss, -en, -er ['flühplassbüss]
~hafengebühr	flyplassavgift, -a/-en, -er ['flühplassawjifft]
~plan	flyrutetabell, -en, -er ['flührühtetabell]
~schein	flybillett, -en, -er ['flühbillett]
~strecke	flyrute, -a/-en, -er ['flührühte]
~zeug	fly, -et, - [flüh]
Gepäck	bagasje, -en [ba'gahsche]
~abfertigung	innsjekking, -en ['innschecking]
~ausgabe	bagasjeutlevering, -en [ba'gahscheühtlewehring]
Handgepäck	håndbagasje, -en ['honnbagahsche]
Hubschrauber	helikopter, -et, -e [heli'koppter]
Kapitän	kaptein, -en, -er [kap'täin]
Landung	landing, -en, -er ['lanning]
Linienflug	rutefly, -et, - ['rühteflüh]
Nichtraucher	ikke-røykere/ikke-røkere *(pl)* ['ickeröükere/'ickeröhkere]
Not|ausgang	nødutgang, -en, -er ['nöhdühtgang]
~landung	nødlanding, -en, -er ['nöhdlanning]
~rutsche	nødsklie, -a/-en, -er ['nöhdsklie]
Passagier	passasjer, -en, -er [passa'schehr]
Pilot/in	pilot, -en, -er [pi'luht]
planmäßiger Abflug	avgang etter rutetabellen ['ahwgang etter 'rühtetabellen]
Raucher	røykere/røkere *(pl)* ['röükere/'röhkere]
Rollfeld	rullebane, -a/-en, -er ['rüllebahne]
Schalter	luke, -a/-en, -er ['lühke]
Schwimmweste	redningsvest, -en, -er ['reddningswest]
Sicherheitskontrolle	sikkerhetskontroll, -en, -er ['sickerhehtskunntroll]
Steward/eß	steward, -en, -er ['sstjʉert]/ flyvertinne, -en/-a, -er ['flühwärrtinne]
stornieren	avbestille, -te, -t ['ahwbesstille]
umbuchen	ombestille, -te, -t ['ommbesstille]
Verspätung	forsinkelse, -en, -er [fo'schinkelse]
zollfreier Laden	taxfree shop ['täxfrih schopp]
Zwischenlandung	mellomlanding, -en/-a, -er ['mellomlanning]

... MIT DER EISENBAHN

ABFAHRT	AVGANG ['ahwgang]
Wann fährt der nächste Zug nach ...?	Når går neste tog til ...? [norr gohr nesste 'tohg till]
Eine einfache Fahrt 2. Klasse/1. Klasse nach ..., bitte.	En enkeltbillett 2. klasse/1. klasse til ... takk. [en 'enkeltbillett 'anndre klasse/'föschte klasse till ... tack]
Zweimal ... hin und zurück, bitte.	To tur-retur ... takk. [tuh tührre'tühr ... tack]
Gibt es eine Ermäßigung für Kinder/Studenten?	Er det rabatt for barn/studenter? [ähr de ra'batt for bahrn/sstü'dennter]
Bitte eine Platzkarte für den Zug um ... Uhr nach ...	En plassbillett på toget til ... klokka ... takk. [en 'plassbillett po 'tohge till ... klocka ... tack]
Hat der Zug aus ... Verspätung?	Er toget fra ... forsinket? [ähr 'tohge fra ... fo'schinket]
Habe ich in ... Anschluß an die Fähre?	Korresponderer det i ... med ferja? [kuresspun'dehrer de i me 'färrja]
(Wo) Muß ich umsteigen?	(Hvor) Må jeg bytte (tog)? [(wurr) mo jäi 'bütte ('tohg)]
Von welchem Gleis fährt der Zug nach ... ab?	Hvilket spor går toget til ... fra? [willket 'sspuhr gohr 'tohge till ... frah]

IM ZUG	PÅ TOGET [po 'tohge]
Verzeihung, ist dieser Platz noch frei?	Unnskyld, er denne plassen ledig? ['ünnschüll ähr denne 'plassen 'lehdi]
Hält dieser Zug in ...?	Stopper dette toget i ...? ['sstopper 'dette 'tohge i]

Abfahrt	avgang, -en, -er ['ahwgang]
Abfahrtszeit	avgangstid, -en/-a, -er ['ahwgangsstih]
Abteil	kupe, -en, -er [kü'peh]
ankommen	(an)komme, (an)kom, (an)kommet [('ann)komme]
Aufenthalt	opphold, -et, - ['oppholl]
aussteigen	stige av, steg av, steget av [sstihge 'ahw]
Autoreisezug	biltog, -et, - ['bihltohg]
Bahn|hof	jernbanestasjon, -en, -er ['järnbahnesstaschuhn]
~hofsrestaurant	jernbanerestaurant, -en, -er ['jährnbahneresstäürang]

besetzt	opptatt ['opptatt]
D-Zug	hurtigtog, -et, - ['hürrtitohg]
Eilzug	hurtigtog, -et, - ['hürrtitohg]
einsteigen	stige på, steg, steget [sstihge 'poh]
Eisenbahn	jernbane, -en/a, -er ['jährnbahne]
~fähre	jernbaneferje, -a/-en,-er ['jährnbahnefärrje]
Ermäßigung	rabatt, -en, -er [ra'batt]
Fahr|karte	billett, -en, -er [bil'lett]
~kartenschalter	billettluke, -a/-en, -er [bil'lettlühke]
~plan	ruteplan, -en, -er [rühteplahn]
~preis	billettpris, -en, -er [bil'lettprihs]
Fensterplatz	vindusplass, -en, -er [winndühssplass]
frei	ledig ['lehdi]
Gepäck	bagasje, -en [ba'gasche]
~aufbewahrung	bagasjeoppbevaring, -en [ba'gahscheoppbewahring]
~schein	reisegodskvittering, -en/-a, -er ['räisseguddskwittehring]
Gleis	spor, -et, - [sspuhr]
Kinderfahrkarte	barnebillett, -en, -er ['bahrnebillett]
Nichtraucherabteil	kupé for ikke-røkere [kü'peh for 'ickeröhkere]
Notbremse	nødbremse, -a/-en, -er ['nöhdbremse]
Platzkarte	plassbillett, -en, -er ['plassbillett]
Raucherabteil	røkekupé, -en, -er ['röhkekü'peh]
Reservierung	reservering, -en, -er [resser'wehring]
Rückfahrkarte	returbillett, -en, -er [re'tührbillett]
Speisewagen	restaurantvogn, -a/-en, -er [resstäür'rangwongn]
Toilette	toalett, -et, -er [tua'lett]
Wartesaal	venterom, -met, - ['wennterumm]
Zuschlag	tillegg, -et, - ['tillegg]

… MIT DEM SCHIFF

IM HAFEN — I HAVNA [i 'hawwna]

Wann fährt …	Når går … ['norr gohr]
das nächste Schiff …	neste båt … ['nesste boht]
die nächste Fähre …	neste ferje … ['nesste 'färrje]
nach … ab?	til …? [till]

Wie lange dauert die Überfahrt?	Hvor lang tid tar overfarten? [wurr lang tih tahr 'ohwerfarrten]
Wann legen wir in ... an?	Når legger vi til i ...? [norr legger wi 'till i]
Ich möchte eine Schiffskarte nach ...	Kan jeg få en (båt)billett til ...? [kann jäi foh en (boht) bil'lett till]
Ich möchte eine Karte für die Rundfahrt um ... Uhr.	Kan jeg få en billett til rundturen klokka ...? [kann jäi 'foh en bil'lett till 'rünntühren klocka]

AN BORD — OM BORD [omm 'buhr]

Wo ist der Speisesaal/der Aufenthaltsraum?	Hvor er restauranten/salongen? [wurr ähr resstäü'rangen/sa'longen]
Ich fühle mich nicht wohl.	Jeg føler meg dårlig. [jäi föhler mäi 'dohrli]
Geben Sie mir bitte ein Mittel gegen Seekrankheit.	Kan du gi meg et middel mot sjøsjuke? [kann dü 'jih mäi ett 'middel muht 'schöhschühke]

Anlegeplatz	kaiplass, -en, -er ['kaiplass]
an Bord	om bord [omm 'buhr]
Buchung	bestilling, -en, -er [be'sstilling]
Dampfer	dampskip, -et, - ['dampschihp]
Deck	dekk, -et, - [deck]
Fähre	ferje, -a/-en, -er ['färrje]
Auto~	bilferje, -a/-en, -er ['bihlfärrje]
Eisenbahn~	jernbaneferje, -a/-en, -er ['jährnbahnefärrje]
Fahrkarte	billett, -en, -er [bil'lett]
Hafen	havn, -a/-en, -er [hawwn]
Kabine	lugar, -en, -er [lü'gahr]
Kapitän	kaptein, -en, -er [kap'täin]
Küste	kyst, -en, -er [chüsst]
Luftkissenboot	luftputebåt, -en, -er ['lüfftpühteboht]
Motorboot	motorbåt, -en, -er ['muhturboht]
Passagier	passasjer, -en, -er [passa'schehr]
Rettungs|boot	redningsbåt, -en, -er ['reddningsboht]
~ring	livbøye, -a/-en, -er ['lihwböüe]
Ruderboot	robåt, -en, -er ['ruhboht]
Schwimmweste	redningsvest, -en, -er ['reddningswest]
Seegang	sjøgang, -en ['schöhgang]
seekrank	sjøsjuk ['schöhschühk]
Steward	steward, -en, -er ['sstjuert]/ stuert, -en, -er ['sstuert]

Was schauen wir an?

Ich möchte einen Stadtplan von ... haben.	Kan jeg få et (by)kart over ...? [kann jäi foh ett 'bühkart ohwer]
Welche Sehenswürdigkeiten gibt es hier?	Hvilke severdigheter er det her? [willke se'wärrdihehter ähr de hähr]
Gibt es Stadtrundfahrten?	Er det rundturer i byen? [ähr de 'rünntührer i 'büen]
Was kostet die Rundfahrt?	Hva koster rundturen? [wa 'kosster 'rünntühren]
Besichtigen wir auch ...?	Skal vi se på ... også? [skall wi 'seh po ... osso]
Wann fahren wir zurück?	Når reiser vi tilbake ? [norr räisser wi till'bahke]

SEHENSWERTES

Wann ist das Museum geöffnet?	Når er museet åpent? [norr ähr müs'see 'ohpent]
Wann beginnt die Führung?	Når begynner omvisningen? [norr be'jünner 'ommwihsningen]
Ist das ...?	Er det ...? [ähr de]

Altar	alter, -et, - ['alter]
Altstadt	gamlebyen ['gammlebüen]
Architektur	arkitektur, -en, -er [arkitek'tühr]
Ausflug	utflukt, -en, -er ['ühtflückt]
Ausgrabungen	utgravinger *(pl)* ['ühtgrawwinger]
Aussichtspunkt	utsiktspunkt, -et, - ['ühtsicktspüngt]
Ausstellung	utstilling, -en, -er ['ühtsstilling]
Besichtigung	besiktigelse, -en, -er [bes'sicktigelse]
Bild	bilde, -et, -er ['billde]
~hauer	billedhogger, -en, -e ['billeddhogger]

Burg	borg, -a/-en, -er [borrg]
Denkmal	minnesmerke, -et, -er ['minnessmärrke]
Dom *(Kirche)*	domkirke, -en, -er ['dommchirrke]
Festung	festning, -en, -er ['fesstning]
Fischerhafen	fiskehavn, -a/-en, -er ['fisskehawwn]
Fremdenführer	guide, -en, -er [gaid]
Friedhof	kirkegård, -en, -er ['chirrkegohr]
Führung	omvisning, -en, -er ['ommwihsning]
Galerie	galleri, -et, -er [galle'rih]
Gebäude	bygning, -en, -er ['bügning]
Gebirge	fjell *(pl)* [fjell]
Gemälde	maleri, -et, -er [mahle'rih]
Gobelin	gobelin, -et, -er [gobe'läng]
Gottesdienst	gudstjeneste, -en, -er ['güddsstjehnesste]
Kaiser/in	keiser, -en, -e/keiserinne, -en, -er ['chäisser/chäisser'inne]
Kapelle	kapell, -et, - [ka'pell]
Kathedrale	katedral, -en, -er [kate'drahl]
Kirche	kirke, -en, -er ['chirrke]
König/in	konge, -en, -er/dronning, -en, -er ['konge/'dronning]
Landschaft	landskap, -et, - ['lannskap]
Malerei	maleri, -et, -er [mahle'rih]
Maler/in	maler, -en, -e ['mahler]
Markt	marked, -et, -er ['marrkedd]
~halle	markedshall, -en, -er ['marrkeddshall]
Museum	museum, -et, museer [müs'seüm]
Naturschutzgebiet	naturreservat, -et, -er [na'tührresserrwaht]
Plastik	skulptur, -en, -er [skülp'tühr]
Platz	plass, -en, -er [plass]
Rathaus	rådhus, -et, - ['rohdhühs]
Religion	religion, -en, -er [religi'uhn]
restaurieren	restaurere, -te, -t [resstäür'rehre]
Ruine	ruin, -en, -er [rü'ihn]
Rundfahrt	rundtur, -en, -er ['rünntühr]
Schloß	slott, -et, - [schlott]
See	(inn)sjø, -en, -er [schöh]
Sehenswürdigkeiten	severdigheter *(pl)* [se'wärrdihehter]
Stadtrundfahrt	byrundtur, -en, -er ['bührünntühr]
Tagesausflug	heldagsutflukt, -en, -er ['hehldahgsühtflückt]
Turm	tårn, -et, - [tohrn]
Wald	skog, -en, -er [skuhg]
Wasserfall	foss, -en, -er [foss]
Zoo	zoologisk hage, -en, -er [suul'lohgissk 'hahge]

Die Speisekarte, bitte

WIR GEHEN ESSEN

Wo gibt es hier ...	Hvor er det... [wurr ähr de]
ein gutes Restaurant?	en god restaurant? [en guh resstäü'rang]
ein nicht zu teures Restaurant?	en ikke altfor dyr restaurant? [en icke alltfor 'dühr resstäü'rang]
Reservieren Sie uns bitte für heute abend einen Tisch für 4 Personen.	Kan du reservere et bord for fire personer for i kveld? [kann dü resser'wehre ett buhr for 'fihre pe'schuhner for i 'kwell]
Ist dieser Tisch/Platz noch frei?	Er dette bordet/denne plassen ledig? [ähr 'dette 'buhre/'denne 'plassen 'lehdi]
Wo sind bitte die Toiletten?	Hvor er toalettene? [wurr ähr tua'lettene]
Auf Ihr Wohl!	Skål! [skohl]
Darf ich rauchen?	Kan jeg røyke? [kann jäi 'röüke]

BESTELLUNG — BESTILLING [be'sstilling]

Herr Ober/Bedienung,	Kelner, kan jeg få ... ['kellner kann jäi foh]
die Speisekarte,	spisekartet? ['sspihssekarrte]
die Weinkarte, bitte.	vinkartet? ['wihnkarrte]

Bezeichnung norwegischer Gaststätten

bar [bahr] – *Lokal, in dem man allerlei Getränke bekommt*
kafé [ka'feh] – *Wirtshaus, in dem man meist auch essen kann*
kafeteria [kafe'tehria] – *Cafeteria, Selbstbedienungsrestaurant*
konditori [konditu'rih] – *entspricht dem deutschen Café*
restaurant [restäu'rang] – *Restaurant*
snackbar ['snäckbahr]/***gatekjøkken*** ['gahtechöcken] – *Schnellimbiß*

Was können Sie mir empfehlen?	Hva anbefaler du? [wa 'annbeffahler dü]
Was nehmen Sie als ...	Hva skal det være til ... [wa skall de währe till]
Vorspeise?	forrett? ['forrett]
Hauptgericht?	hovedrett? ['huhwedrettt]
Nachtisch?	dessert? [des'sähr]
Ich nehme ...	Jeg tar ... [jäi tahr]
Wir haben leider kein/e ... (mehr).	Dessverre er det slutt på ... [dess'wärre ähr de 'schlütt po]
Was wollen Sie trinken?	Hva vil du ha å drikke? [wah will dü 'hah o 'dricke]
Bitte ein Glas ...	Et glass ... takk. [ett glass ... tack]
Bitte eine (halbe) Flasche ...	En (halv)flaske ... takk. [en (hall) 'flasske ... tack]
Bitte bringen Sie uns ...	Vi vil gjerne ha ... [wi will 'jährne hah]

REKLAMATION — REKLAMASJON [recklama'schuhn] / KLAGE ['klahge]

Haben Sie mein/e ... vergessen?	Har du glemt ... mi/min/mitt/mine? [hahr dü 'glemmt ... mih/minn/mitt/mihne]
Das habe ich nicht bestellt.	Det har jeg ikke bestilt. ['deh hahr jäi icke be'sstillt]
Holen Sie bitte den Chef.	Kan du hente hovmesteren? [kann dü 'hennte 'huhwmessteren]

BEZAHLEN, BITTE — KAN JEG/VI FÅ BETALE? [kann jäi/wih fo be'tahle]

Bitte alles zusammen.	Alt på samme regning, takk. [allt po 'samme 'räining tack]
Getrennte Rechnungen, bitte.	Vi betaler hver for oss, takk. [wi be'tahler währ for 'oss tack]
Hat es geschmeckt?	Smakte det? ['smackte de]
Das Essen war ausgezeichnet.	Maten var utmerket. ['mahten wahr 'ühtmerrket]

Danke für's Essen

In der Familie und bei privaten Einladungen sagt man nach der Mahlzeit *"Takk for maten"* [tack for mahten]

Das ist für Sie.	Det er til deg. ['de ähr till 'däi]
Es stimmt so.	Det er greit. [de ähr 'gräit]

"Middag" gibt's abends

"Middag" ['middag] stellt die Hauptmahlzeit des Tages dar: mit Vorspeise, warmem Hauptgericht und Nachtisch. Diese Mahlzeit wird meist am frühen Abend eingenommen.

"Lunsj" [lönnsch], das Mittagessen, besteht aus Brot, Kaffee, Tee etc. In Hotels wird diese Mahlzeit öfters als *"koldtbord"* ['kolltbuhr] (kaltes Büffet) serviert.

"Kveldsmat" ['kwellsmaht] ist das Abendessen der Norweger (mit belegten Broten und Milch), die noch so gegen 20 Uhr Hunger haben.

Abendessen	middag ['middag]
Aschenbecher	askebeger, -et, - ['asskebehger]
Besteck	bestikk, -et [be'sstick]
Bestellung	bestilling, -en, -er [be'sstilling]
Brot	brød, -et, - [bröh]
Diabetiker/in	diabetiker, -en, -e [dia'behtiker]
Essig	eddik, -en ['eddick]
frisch	fersk [feschk], frisk [frissk]
Frühstück	frokost, -en, -er ['fruhkosst]
Gabel	gaffel, -en, gafler ['gaffel]
Gang	rett, -en, -er [rett]
gebacken	bakt [bahkt]
gebraten	stekt [sstehkt]
gedämpft	dampkokt ['dampkuckt]
gedünstet	dampkokt ['dampkuckt]
gefüllt	fylt [füllt]
gekocht	kokt [kuckt]
geräuchert	røkt [röhkt]
Gericht	rett, -en, -er [rett]
Getränk	drikk, -en, -er [drick] → S. 40 f.
Gewürz	krydder, -et, - ['krüdder]
Glas	glass, -et, - [glass]
Gräte	fiskebein, -et, - ['fisskebäin]
Hauptspeise	hovedrett, -en, -er ['huhwedrett] → S. 36 ff.
hausgemacht	hjemmelaget ['jemmelahget]
heiß	varm [warrm]
kalt	kald [kall]
Karaffe	karaffel, -en, -karafler [ka'raffel]
Kellner/in	kelner, -en, -e ['kellner]
Kinderteller	barneporsjon, -en, -er ['bahrnepuschuhn]
Knoblauch	hvitløk, -en, -er ['wihtlöhk]

Koch/Köchin	kokk, -en, -er/kokke, -a, -er ['kock/'kocke]
kochen	koke, -te, -t ['kuhke]
Löffel	skje, -en/-a, -er [scheh]
mager	mager ['mahger]
Mayonnaise	majones, -en [maju'nehs]
Menü	meny, -en, -er [me'nüh]
Messer	kniv, -en, -er [knihw]
Mittagessen	lunsj, -en, -er [lönnsch]
Nachtisch	dessert, -en, -er [des'sähr]
Ober *(Anrede)*	kelner, -en, -e ['kellner]
Öl	olje, -en, -er [ollje]
Pfeffer	pepper, -en ['pepper]
Portion	porsjon, -en, -er [pu'schuhn]
Salat	salat, -en, -er [ssa'laht]
Salz	salt, -et [ssallt]
sauer	sur [ssühr]
scharf	skarp [skarrp], sterk [sstärrk]
Senf	sennep, -en ['ssennep]
Serviette	serviett, -en, -er [sserrwi'ett]
Soße	saus, -en, -er [ssäüss]
Speisekarte	spiseseddel, -en, -sedler ['sspihssesseddel], meny, -en, -er [me'nüh]
Spezialität	spesialitet, -en, -er [sspessiali'teht]
Strohhalm	sugerør, -et, - ['ssühgeröhr]
Suppe	suppe, -a/-en, -er ['ssüppe] → S. 36
süß	søt [ssöht]
Tages|gericht	dagens rett, -en, -er ['dahgens rett]
~menü	dagens meny, -en, -er ['dahgens me'nüh]
Tasse	kopp, -en, -er [kopp]
Teller	tallerken, -en, -er [tal'lärrken]
Trinkgeld	drikkepenger *(pl)* ['drickepenger]
Vorspeise	forrett, -en, -er ['forrett] → S. 36
Wasser	vann, -et [wann]
würzen	krydre, -et, -et/-a, -a ['krüddre]
zäh	seig [ssäi]
Zahnstocher	tannpirker, -en, -e ['tannpirrker]
Zitrone	sitron, -en, -er [ssi'truhn]
Zucker	sukker, -et ['ssucker]

Wie hätten Sie Ihr Fleisch gerne?

gut durch	godt stekt [gott sstehkt]
halbdurch	medium ['mediüm]
englisch	rå [roh], blodig ['bluhdi]

Spisekart/Meny
Speisekarte

FROKOST	FRÜHSTÜCK
svart kaffe ['swarrt 'kaffe]	schwarzer Kaffee
kaffe med melk ['kaffe meh 'mellk]	Kaffee mit Milch
koffeinfri kaffe [koffe'ihnfrih 'kaffe]	koffeinfreier Kaffee
te med melk/sitron ['teh meh 'mellk/ssi'truhn]	Tee mit Milch/Zitrone
urtete ['ürrteteh]	Kräutertee
sjokolade [schuku'lahde]	Schokolade
fruktsaft/juice ['frücktsafft/jühs]	Fruchtsaft
et bløtkokt egg [ett 'blöhtkuckt egg]	ein weiches Ei
eggerøre ['eggeröhre]	Rühreier
egg og bacon ['egg o 'bäiken]	Eier mit Speck
brød [bröh]	Brot
rundstykke ['rünnsstücke]	Brötchen
ristet brød ['risstet 'bröh]	Toast
horn ['huhrn]	Hörnchen
smør [smöhr]	Butter

"saltet/usaltet"

Bei Butter sollte man darauf achten, ob sie gesalzen (saltet [ssaltet]) oder ungesalzen (usaltet [üssaltet]) ist. Auch Margarine ist meist gesalzen.

ost [usst]	Käse
pølse ['pöllse]	Wurst
skinke ['schinke]	Schinken
honning ['honning]	Honig
syltetøy ['sülltetöü]	Marmelade
mysli ['müssli]	Müsli
yoghurt ['joggert]	Joghurt
noe frukt [nue 'frückt]	etwas Obst

FORRETTER	VORSPEISEN
Rekecocktail ['rehkekocktäil]	Krabbensalat in Mayonnaise
Gravlaks ['grahwlacks]	rohgebeizter Lachs
Røykelaks ['röhkelacks]	geräucherter Lachs
Kryddersild ['krüddeschill]	Kräuterhering
Tomatsild [tu'mahtssill]	Tomatenhering
Andre silderetter ['anndre 'ssilleretter]	Andere Heringsgerichte
Avocado med lodderogn [awwu'kahdu meh 'lodderongn]	Avocado mit Laich von dem Kapilan/der Lodde
Speket reinsdyrkjøtt ['sspehket 'räinsdührchött]	Gepökeltes Rentierfleisch
Salater [ssa'lahter]	Salate
Rømmegrøt ['römmegröht]	Milchbrei mit viel Fett (35 %) *(auch als Hauptgericht)*

SUPPER	SUPPEN
Ertesuppe ['ärrtessüppe]	Erbsensuppe (mit Schweinefleisch/Speck)
Fersk suppe [feschk 'ssüppe]	Suppe mit gekochtem, frischem Fleisch und Gemüse
Fiskesuppe ['fisskessüppe]	Fischsuppe
Trøndersodd ['trönneschodd]	Fleischbrühe mit Gemüse und Fleischklößchen aus Trøndelag

FISK OCH SKALLDYR	FISCH UND MEERESFRÜCHTE
Ål [ohl]	Aal
Blåskjell ['blohschell]	Miesmuscheln
Breiflabb [bräiflapp]	Seeteufel
Fiskeboller ['fisskeboller]	Fischklößchen
Fiskepudding ['fisskepüdding]	Fischpudding
Gjedde ['jedde]	Hecht
Hummer [hummer]	Hummer
Kreps [krepps]	Flußkrebs
Kveite ['kwäite]	Heilbutt
Laks [lacks]	Lachs

Lutefisk ['lühtefissk]	Eingeweichter Stockfisch *(nur zu Weihnachten)*
Makrell [ma'krell]	Makrele
Ørret ['örrett]	Forelle
Reker ['rehker]	Garnelen
Rødspette ['röhsspette]	Scholle
Sei [ssäi]	Köhler, Seelachs
Sik [ssihk]	Renke
Spekesild ['sspehkessill]	Eingelegter Hering
Steinbit ['sstäinbiht]	Steinbeißer
Torsk [toschk]	Dorsch
Tørrfisk [törrfissk]	Stockfisch

KJØTTRETTER	FLEISCHGERICHTE
Reinsdyrsteik ['räinsdühschtäik]	Rentierbraten
Elgsteik ['ellgsstäik]	Elchbraten
Hjortesteik ['jurrtesstäik]	Hirschbraten
Rådyrsteik ['rohdühschtäik]	Rehbraten
Vilt [willt]	Wild
Oksesteik ['uxesstäik]	Rinderbraten
Svinesteik ['sswihnesstäik]	Schweinebraten
Svinekotelett ['sswihnekutelett]	Schweinekotelett
Flesk [flessk]	Schweinefleisch
Lammesteik ['lammesstäik]	Lammbraten
Lammefrikassé ['lammefrikas'seh]	Lammfrikassee
Lammekoteletter ['lammekuteletter]	Lammkotelett
Fårikål ['fohrikohl]	Hammel- und Kohleintopf
Ferskt kjøtt ['feschkt 'chött]	Gekochtes Rinderfleisch mit Gemüse und heller Soße
Kjøttkaker ['chöttkahker]	Frikadellen in brauner Soße
Knackpølse ['knackpöllse]	Knackwurst
Wienerpølse ['wihnerpöllse]	Wiener Würstchen
Kalkun [kal'kühn]	Truthahn
Kylling ['chülling]	Hähnchen
Spakemat ['sspehkemaht]	Kaltes, gepökeltes Dörr- oder Rauchfleisch

GRØNNSAKER	GEMÜSE
Salat [ssa'laht]	Salat
Agurksalat [a'gürrkssalaht]	Gurkensalat
Blandet salat ['blannet sa'laht]	Gemischter Salat
Erter ['ärrter]	Erbsen
Løk [löhk]	Zwiebeln
Kål [kohl]	Kohl
Blomkål ['blummkohl]	Blumenkohl
Hodekål ['huhdekohl]	Weißkohl
Rødkål ['röhkohl]	Rotkohl
Gulerøtter ['gühlerötter]	Möhren
Potet(mos) [pu'teht(muhss)]	Kartoffel(brei)
Bakte poteter [backte pu'tehter]	gebackene Kartoffeln
Sopp [sopp]	Pilze
Champignon [schampin'jong]	Champignons
Steinsopp ['sstäinssopp]	Steinpilze
Kantarell [kannta'rell]	Pfifferlinge

KOLDTBORD	KALTES BÜFFET

(bei dem es auch warme Gerichte gibt)

Smørbrødliste [smöhrbröhliste]	**Sandwichliste**
Rekesmørbrød [rehkesmörrbröh]	Brot mit Krabben und Mayonnaise
Roastbiff ['rousstbiff]	Brot mit Roastbeef
Karbonade [karrbu'nahde]	Brot mit Frikadelle
Svinesteik (kald) [sswihnesstäik]	Brot mit kaltem Schweinebraten
Skinke og italiensk salat ['schinke o itali'ehnsk ssa'laht]	Brot mit gekochtem Schinken und italienischem Salat
Patentsmørbrød [pa'tenntsmörrbröh(d)]	Brot mit Spiegelei und Speck
Egg og ansjos [egg o an'schuhs]	Brot mit gekochtem Ei und Anchovis
Ost [usst]	Brot mit Käse unterschiedlicher Art, z. B. dem norwegischen, braunen Ziegenkäse
Fiskekabaret ['fisskekabareh]	Brot mit Fisch und Gemüse in Aspik
Leverpostei med syltede rødbeter ['lehwerpusstäi me 'ssüllted 'röhbehter]	Brot mit Leberpastete und eingemachter roter Beete
Leverpostei med syltede agurker ['lehwerpusstäi me 'ssüllted a'gürrker]	Brot mit Leberpastete und Gewürzgurken

DESSERT	DESSERT
Is [ihss]	Eis
sjokolade [schuku'lahde]	Schokolade
jordbær ['juhrbähr]	Erdbeere
vanilje osv. [wa'nillje]	Vanille usw.
Karamellpudding [karramellpüdding]	Karamelpudding
Moltekrem ['molltekrehm]	Moltebeeren mit Schlagsahne
Riskrem ['rihsskrehm]	Milchreis mit Schlagsahne und roter Soße
Fruktsalat [früktssalaht]	Obstsalat
Jordbær med fløte ['juhrbähr me 'flöhte]	Erdbeeren mit Sahne
Fruktkompott ['früktkompott]	Obstkompott
Rødgrøt med fløte ['röhgröht me 'flöhte]	Rote Grütze mit Sahne
Osteanretning ['ussteannrettning]	Käseplatte

BAKVERK	GEBÄCK UND TORTEN
Boller ['boller]	süße Brötchen (mit Rosinen)
Lefse ['lefsse]	weicher, dünner Fladen aus Kartoffeln und Mehl gebacken.
Julekake ['jühlekahke]	Rosinenbrot
Bløtkake ['blöhtkahke]	Torte
Vannbakkels ['wannbackels]	Windbeutel
Rullade [rül'lahde]	Biskuitrolle
Småkaker ['smohkahker]	Plätzchen
Wienerbrød ['wihnerbröh]	Plundergebäck
Eplekake ['epplekahke]	Apfelkuchen

Die Vergänglichkeit des Gegenwärtigen

Für Deutsche recht komisch klingt die im Norwegischen gebräuchliche Verwendung der Vergangenheitsform für Dinge, die man im Moment denkt oder fühlt:
Am gedeckten Kaffeetisch sagt zum Beispiel ein(e) Norweger(in), der (die) soeben ein Stück Torte verzehrt: *"Det **var** god kake!"* [deh wahr guh kahke] (*„Das **war** ein guter Kuchen!"*).

Drikkevarer
Getränkekarte

ALKOHOLFRITT	ALKOHOLFREIE GETRÄNKE
Kaffe ['kaffe]	Kaffee
Te [teh]	Tee (schwarz)
med sitron [me ssi'truhn]	mit Zitrone
Sjokolade [schuku'lahde]	Schokolade
Kakao ['kahkau]	Kakao
Melk [mellk]	Milch
Saft [safft]	Fruchtsaft
Juice [juhs]	Juice
Brus [brühs]	Limonade
Vann [wann]	Wasser
Alkoholfri vin [allku'huhlfrih wihn]	alkoholfreier Wein

ALKOHOLHOLDIG	ALKOHOLISCHE GETRÄNKE
Øl [öll]	Bier
Fatøl ['fahtöll]	Faßbier
Brennevin [brennewihn]	Branntwein
Akevitt [ake'witt]	Aquavit
Likør [li'köhr]	Likör
Rom [rumm]	Rum
Vin [wihn]	Wein
Hvitvin ['wihtwihn]	Weißwein
Rødvin ['röhwihn]	Rotwein
Hetvin ['hehtwihn]	Südwein

Nehmen Sie Kreditkarten?

offen ..... åpent ['ohpent]	geschlossen .... stengt [sstengt]
Betriebsferien	feriestengt ['fehriesstengt]

Wo finde ich …?	Hvor finner jeg … [wurr 'finner jäi]
Können Sie mir ein …-Geschäft empfehlen?	Kan du anbefale meg en … forretning? [kann dü 'annbeffahle mäi en … for'rettning]
Ich möchte …	Jeg ville gjerne ha … [jäi wille 'jährne 'hah]
Haben Sie/Hast du …?	Har dere/du …? [hahr dehre/düh]
Ich nehme es.	Jeg tar det. [jäi 'tahr de]
Wieviel kostet es?	Hva koster det? [wa 'kosster de]
Nehmen Sie …	Tar dere … [tahr dehre]
Euroschecks?	eurosjekker? ['äüruschecker]
Kreditkarten?	kredittkort? [kre'dittkorrt]

Antiquariat	antikvariat, -et, -er [anntikwari'aht]
Antiquitätengeschäft	antikvitetsforretning, -en, -er [anntikwi'tehtsforrettning]
Apotheke	apotek, -et, -er [apu'tehk] → S. 42 f.
Bäckerei	bakeri, -et, -er [bahke'rih]
Blumengeschäft	blomsterbutikk, -en, -er ['blummssterbütick]
Buchhandlung	bokhandel, -en, -handler ['buhkhandel]
Drogerie	fargehandel, -en, -dler ['farrgehandel] → S. 44
Elektrohandlung	elektrisk forretning [e'lektrissk fo'rettning], elektriske artikler [e'lektrisske ar'tickler] → S. 45
Flohmarkt	loppemarked, -et, -er ['loppemarrkedd]

Fotogeschäft	fotoforretning, -en, -er ['fuhtufforrettning] → S. 45
Friseur	frisør, -en, -er [fris'söhr] → S. 46
Gemüsehändler	grønnsakbutikk, -en, -er ['grönnssahkbütick]
Haushaltswaren	Husholdningsvarer [hühss'hollningswahrer] → S. 47
Juwelier	juveler, -en, -er [jüwe'lehr] → S. 51
Kaufhaus	varehus, -et, - ['wahrehühs]
Konditorei	konditori, -et, -er [kunnditur'rih]
Lebensmittelgeschäft	dagligvareforretning, -en, -er/-handel -en, -dler ['dahgliwahreforrettning/ -handel] → S. 47 f.
Markt	marked, -et, -er ['marrkedd]
Metzgerei	slakter, -en, -e ['schlackter]
Optiker	optiker, -en, -e ['opptiker] → S. 51
Parfümerie	parfymeri, -et, -er [parfüme'rih]
Reisebüro	reisebyrå, -et, -er ['räissebüroh]
Schuhgeschäft	skobutikk, -en, -er ['skuhbütick] → S. 50
Spielwarengeschäft	leketøysforretning, -en, -er ['lehketöüssforrettning]
Spirituosengeschäft	Vinmonopolet ['wihnmunupuhle]

Ein Gläschen in Ehren ...

Alkoholische Getränke kann man – abgesehen von leichtem Bier – nur im staatlichen Monopolladen (*"Vinmonopolet"* ['wihnmunupuhle]) erstehen.

Tabakladen	tobakksforretning, -en, -er ['tubacksforrettning] → S. 52
Weinhandlung	Vinmonopolet ['wihnmunupuhle]
Zeitungskiosk	aviskiosk, -en, -er [a'wihsschossk]

APOTHEKE — Apotek [apu'tehk]

Wo ist die nächste Apotheke (mit Nachtdienst)?	Hvor er nærmeste apotek (med nattvakt)? [wurr ähr 'närrmesste apu'tehk (meh 'nattwackt)]
Geben Sie mir bitte etwas gegen ...	Kan du gi meg noe mot ...? [kann dü 'jih mäi 'nue muht]

innerlich	innvortes ['innwurrtess]
äußerlich	utvortes ['ühtwurrtess]
vor dem Essen	før maten [föhr 'mahten]
nach dem Essen	etter maten [etter 'mahten]

Abführmittel	avføringsmiddel, -et, -midler ['ahwföhringsmiddel]
Antibabypille	p-pille, -a/-en, -er ['pehpille]
Antibiotikum	antibiotikum, -et, -biotika [anntibi'uhtiküm]
Aspirin	aspirin, -en [asspi'rihn]
Augentropfen	øyendråper *(pl)* ['öüendrohper]
Beruhigungsmittel	beroligende middel, -et, -midler [be'ruhligende 'middel]
Brandsalbe	brannsalve, -a/-en, -er ['brannssallwe]
Desinfektionsmittel	desinfeksjonsmiddel, -et, -midler [dessinfek'schuhnsmiddel]
Fieberthermometer	febertermometer, -et, - ['fehbertärrmumehter]
Gegengift	motgift, -en, -er ['muhtjifft]
Gurgelwasser	gurglevann, -et ['gürrglewann]
Halstabletten	halstabletter *(pl)* ['hallsstabletter]
Hustensaft	hostesaft, -a/-en, -er ['husstessafft]
Insektenmittel	insektmiddel, -et, -midler [in'sektmiddel]
Insulin	insulin, -en [insü'lihn]
Jod(tinktur)	jod, -en [jodd]
Kamillentee	kamillete, -en [ka'milleteh]
Kondom	kondom, -et, -er [kun'duhm]
Kopfschmerztabletten	hodepinetabletter *(pl)* ['huhdepihnetabletter]
Kreislaufmittel	medisin for blodomløpet [medi'sihn for 'bluomlöhpe]
Magenmittel	magemedisin, -en, -er ['mahgemeddissihn]
Medikament	medikament, -et, -er [medika'ment]
Mittel (gegen etw)	middel, -et, midler (mot) ['middel]
Mullbinde	gasbind, -et, - ['gassbinn]
Nebenwirkungen	bivirkninger *(pl)* ['bihwirrkninger]
Ohrentropfen	øredråper *(pl)* ['öhredrohper]
Pflaster	plaster, -et, - ['plasster]
Puder	pudder, -et ['püdder]
Rezept	resept, -en, -er [re'ssept]
Salbe	salve, -a/-en, -er ['ssallwe]
Schlaftabletten	sovetablett, -en, -er ['ssohwetablett]
Schmerztabletten	smertestillende tabletter *(pl)* ['ssmärrtesstillende ta'bletter]
Sonnenbrand	solbrenthet, -en ['ssuhlbrentheht]
Tablette	tablett, -en, -er [ta'blett]
Traubenzucker	druesukker, -et ['druesucker]
Tropfen	dråpe, -en, -er ['drohpe]
Zäpfchen	stikkpille, -a/-en, -er ['sstickpille]

DROGERIE	FARGEHANDEL ['farrgehandel]
Bürste	børste, -en, -er ['böschte]
Creme	krem, -en, -er [krehm]
Damenbinden	sanitetsbind, -et, - [ssani'tehtsbinn]
Deo(dorant)	deodorant, -en, -er [de-udu'rang]
Haar|bürste	hårbørste, -en, -er ['hohrböschte]
~festiger	setting lotion ['ssetting 'loüschen]
~waschmittel	hårsjampo, -en, -er ['hohrschampo]
Kamm	kam, -men, -mer [kamm]
Lichtschutzfaktor	beskyttelsesfaktor, -en, -er [be'schüttelsesfaktur]
Lidschatten	øyenskygge, -n, -r ['öüenschügge]
Lippenstift	leppestift, -en, -er ['leppesstifft]
Papiertaschentücher	papirlommetørkle, -et, -klær [pa'pihrlummetörklähr]
Parfüm	parfyme, -en, -er [par'fühme]
Pflaster	plaster, -et, - ['plasster]
Pinzette	pinsett, -en, -er [pin'sett]
Präservativ	kondom, -en, -er [kun'duhm]
Puder	pudder, -et ['püdder]
Rasier|apparat	barbermaskin, -en, -er [bar'behrmaschihn]
~klinge	barberblad, -et, - [bar'behrblah]
~pinsel	barberkost, -en, -er [bar'behrkosst]
~seife	barbersåpe, -a/-en, -er [bar'behschohpe]
~wasser	barbervann, -et [bar'behrwann]
Saugflasche	tåteflaske, -a/-en, -er ['tohteflasske]
Schnuller	sutt, -en, -er [ssütt]
Seife	såpe, -a/-en, -er ['ssohpe]
Sonnencreme	solkrem, -en, -er ['ssuhlkrehm]
Spiegel	speil, -et, - [sspäil]
Tampons	tampong, -en, -er [tam'ponger]
Toilettenpapier	toalettpapir, -et, - [tua'lettpapihr]
Waschlappen	vaskeklut, -en, -er ['wasskeklüht]
Wimperntusche	mascara, -en [mas'kahra]
Windeln	bleie, -a/-en, -er ['bläier]
Zahn|bürste	tannbørste, -en, -er ['tannböschte]
~pasta	tannpasta, -en, -er ['tannpassta]

ELEKTROHANDLUNG — ELEKTRISK FORRETNING [e'lektrissk for'rettning], ELEKTRISKE ARTIKLER [e'lektrisske ar'tickler]

Adapter	adapter, -en, -e [a'dappter]
Batterie	batteri, -et, -er [batte'rih]
CD/Compactdisc	CD ['ssehdeh]
Fön	føn, -en [föhn]
Kassette	kassett, -en, -er [kas'sett]
Kopfhörer	hodetelefon, -en, -er ['huhdetelleffuhn]
Schallplatte	grammofonplate, -a/-en, -er [grammu'fuhnplahte]
Stecker	stikkontakt, -en, -er ['sstickuntackt]
Taschenlampe	lommelykt, -a/-en, -er ['lummelückt]
Video|film	videofilm, -en, -er ['wihdeuffillm]
~kamera	videokamera, -et, -er ['wihdeuckahmera]
~kassette	videokassett, -en, -er ['wihdeuckassett]
~rekorder	videospiller, -en, -e ['wihdeusspiller]
Walkman	walkman, -en, -er ['wohkmähn]

FOTOARTIKEL — FOTOARTIKLER ['fuhtuarrtickler]

Ich möchte …	Jeg ville gjerne ha … [jäi wille 'jährne hah]
einen Film für diesen Fotoapparat.	en film til dette fotoapparatet. [en fillm till 'dette 'fuhtuappa'rahte]
einen Farbfilm (für Dias).	en fargefilm (til dias). [en 'farrgefillm (till 'dias)]
Könnten Sie mir bitte den Film einlegen?	Kan du sette i filmen for meg? [kann dü sette 'ih fillmen for mäi]
Der Sucher/Der Auslöser funktioniert nicht.	Søkeren/Utløseren fungerer ikke. ['söhkeren/'ühtlöhsseren fün'gehrer icke]
Das ist kaputt. Können Sie es bitte reparieren?	Det virker ikke. Kan du reparere det? [de 'wirrker icke kann dü repa'rehre de]

Auslöser	utløser, -en, -e ['ühtlöhsser]
Blitz|gerät	blitz, -en, -er [blitts]
~würfel	blitzkube, -en, -er ['blittskühbe]
Farbfilm	fargefilm ['farrgefillm]
Film|empfindlichkeit	filmfølsomhet, -en ['fillmföhlsomheht]
~kamera	filmkamera, -et, -er ['fillmkahmera]
Linse	linse, -a/-en, -er ['linnsse]
Objektiv	objektiv, -et, -er [ubjek'tihw]
Schwarzweiß-Film	svart-hvitt-film, -en, -er [swarrt-witt-fillm]
Teleobjektiv	teleobjektiv, -et, -er ['tehle-ubjektihw]

FRISEUR | FRISØR [fris'söhr]

Kann ich mich für morgen anmelden?	Kan jeg få en time i morgen? [kann jäi foh en 'tihme i 'moern]
Waschen und fönen, bitte.	Vaske og føne, takk. ['wasske o 'föhne tack]
Schneiden mit/ohne Waschen, bitte.	Klipp med/uten vask, takk. [klipp meh/'ühten wassk tack]
Ich möchte ...	Jeg ville gjerne ... [jäi wille 'jährne]
eine Dauerwelle.	ha permanent. [hah pärma'nent]
mir die Haare färben/tönen lassen.	få håret farget/tonet. [fo 'hohre 'farrget/'tuhnet]
Nicht zu kurz/Ganz kurz/Etwas kürzer, bitte.	Ikke for kort/Helt kort/Noe kortere, takk. [icke for 'korrt/'hehlt 'korrt/nue 'korrtere tack]
Rasieren, bitte.	Barbering, takk. [bar'behring tack]
Stutzen Sie mir bitte den Bart.	Kan du stusse skjegget mitt? [kann dü 'sstüsse 'schegge mitt]
Vielen Dank. So ist es gut.	Mange takk, det er bra så. ['mange tack de ähr 'brah soh]

Bart	skjegg, -et [schegg]
blond	blond [blonn]
Dauerwelle	permanent, -en, -er [pärma'nent]
färben	farge, -et, -et ['farrge]
fönen	føne, -et, -et [föhne]
frisieren	frisere, -te, -t [fris'sehre]
Frisur	frisyre, -en, -er [fri'ssühre]
Haar	hår, -et [hohr]
~schnitt	hårklipp, -en ['hohrklipp]
~teil	delparykk ['dehlparück]
kämmen	kjemme, -te, -t ['chemme]
legen	legge, la, lagt ['legge]
Locken	krøller *(pl)* ['kröller]
~wickler	hårrull, -en, -er ['hohrüll]
Perücke	parykk, -en, -er [pa'rück]
Pony	pannelugg, -en, -er ['pannelügg], ponny, -en, -er ['ponny]
Scheitel	skill, -en, -er [schill]
Schnurrbart	bart, -en, -er [bart]
Schuppen	flass, -et [flass]
Shampoo	sjampo, -en, -er ['schampu]
tönen	tone, -et, -et/-a, -a ['tuhne]

HAUSHALTSWAREN — HUSHOLDNINGSVARER [hühss'hollningswahrer]

Abfallbeutel	søppelpose, -en, -er ['söppelpuhsse]
Alufolie	aluminiumsfolie, -en, -er [alü'mihniümsfuhlie]
Brennspiritus	rødsprit, -en ['röhsspriht]
Dosenöffner	hermetikkåpner, -en, -e [härrme'tickohpner]
Eßbesteck	bestikk, -et, - [be'sstick]
Flaschenöffner	flaskeåpner, -en, -e ['flasskeohpner]
Grill	grill, -en, -er [grill]
~anzünder	grilltenner, -en, -e ['grilltenner]
~kohle	grillkull, -et, - ['grillküll]
Handfeger	(feie)kost, -en, -er [(fäie)kusst]
Kehrblech	feiebrett, -et, - ['fäiebrett]
Kerzen	stearinlys, -et, - [sstea'rihnlühs]
Korkenzieher	korketrekker, -en, -e ['korrketrecker]
Papierservietten	papirserviett, -en, -er [pa'pihschärrwietter]
Petroleum	petroleum, -en [pe'truhleüm]
Plastikbeutel	plastpose, -en, -er ['plasstpuhsse]
Sonnenschirm	solskjerm, -en, -er ['ssuhlschärrm]
Taschenmesser	lommekniv, -en, -er ['lummeknihw]
Wäscheklammern	klesklype, -a/-en, -er ['klessklühper]

LEBENSMITTEL — DAGLIGVARER ['dahgliwahrer]

Eine ausführliche Übersicht von Lebensmitteln und Gerichten finden Sie im Kapitel ESSEN & TRINKEN auf Seite 35 ff.

Was darf es sein?	Hva skal det være? [wa skall de 'währe]
Geben Sie mir bitte …	Kan jeg få … ? [kann jäi foh]
ein Kilo …	et kilo … [ett 'chihlu]
ein Stück von …	et stykke av … [ett 'sstücke ahw]
eine Packung …	ei pakke … [äi 'packe]
ein Glas …	et glass … [ett glass]
eine Dose …	en boks … [en box]
eine Flasche …	ei flaske … [äi flasske]
eine Einkaufstüte.	en bærepose. [en 'bährepuhsse]
Darf es sonst noch etwas sein?	Var det noe annet? [wahr de nue 'aent]
Danke, das ist alles.	Takk, det var alt. [tack 'deh wahr allt]

Aufschnitt	pålegg, -et ['pohlegg]
Babynahrung	babymat, -en ['bäibimaht]
Bier	øl, -et [öll]
alkoholfreies ~	alkoholfritt øl [allku'huhlfritt 'öll]
Brot	brød, -et, - [bröh]
Brötchen	rundstykke, -t, -r ['rünnsstücke] → S. 35
Butter	smør, -et [ssmöhr]
Eier	egg, -et, - [egg]
Eis	is, -en [ihss] → S. 39
Fisch	fisk, -en, -er [fissk] → S. 36
Fleisch	kjøtt, -et [chött] → S. 36 f.
frisch	fersk [fäschk]
Gebäck	bakverk, -et ['bahkwärrk] → S. 39
Geflügel	fjærfe [fjährfeh] → S. 37
Gemüse	grønnsak, -en, -er ['grönnssahk] → S. 38
Hackfleisch	kjøttdeig, -en ['chöttdäig]
Joghurt	yoghurt, -en, -er ['joggert]
Kaffee	kaffe, -en ['kaffe] → S. 35, 40
Käse	ost, -en, -er [usst]
Kekse	kjeks, -en, -er [checks]
Knoblauch	hvitløk, -en, -er ['wihtlöhk]
Konserven	hermetikk, -en [herrme'tick]
Kuchen	kake, -a/-en, -er ['kahke] → S. 39
Limonade	limonade, -en [limu'nahde] → S. 40
Margarine	margarin, -en [marrga'rihn]
Marmelade	syltetøy, -et ['sülltetöü] → S. 35
Mayonnaise	majones, -en [maju'nehs]
Mehl	mel/mjøl, -et [mehl/mjöhl]
Milch	melk, -a/-en/mjølk, -a [mellk/mjöllk]
Mineralwasser	mineralvann, -et [mine'rahlwann]
Nudeln	nudler *(pl)* ['nüddler]
Nüsse	nøtt, -a/-en, -er ['nött]
Obst	frukt, -a/-en, -er [frückt] → S. 39
Öl	olje, -en ['ollje]
Orangensaft	appelsinjuice, -en [appel'sihnjühs]
Sahne	fløte, -en ['flöhte]
Salat	salat, -en, -er [ssa'laht]
Salz	salt, -et [ssallt]
Schokolade	sjokolade, -n [schuku'lahde] → S. 35, 39
Senf	sennep, -en ['ssennepp]
Suppe	suppe, -a/-en, -er ['ssüppe] → S. 36
Süßigkeiten	søtsaker *(pl)* ['ssöhtssahker], godteri, -et, -er [gotte'rih] → S. 39
Tee	te, -en [teh] → S. 35, 40
~beutel	tepose, -en, -er ['tehpuhsse]
Toast	toast [tousst], ristet brød ['risstet bröh]
Wein	vin, -en, -er [wihn] → S. 40
Würstchen	pølser *(pl)* ['pöllsser]

MODE | MOTE ['muhte]

Können Sie mir … zeigen?	Kan du vise meg …? [kann dü 'wihsse mäi]
Kann ich es anprobieren?	Kan jeg prøve det? [kann jäi 'pröhwe de]
Welche (Konfektions-) Größe haben Sie?	Hvilken størrelse bruker du? [willken 'sstörrelse brühker dü]
Das ist mir zu …	Det er for … (for meg). [deh ähr for … for mäi]
eng/weit.	trangt/stort [trangt/sstuhrt]
kurz/lang.	kort/langt [korrt/langt]
klein/groß.	lite/stort ['lihte/sstuhrt]
Das paßt gut. Ich nehme es.	Det passer bra. Jeg tar det. [deh 'passer brah jäi 'tahr de]
Das ist nicht ganz, was ich möchte.	Det er ikke helt hva jeg ville ha. [deh ähr icke 'hehlt wah jäi wille 'hah]

Abendkleid	aftenkjole, -en, -er ['afftenchuhle]
Anorak	anorakk, -en, -er [anu'rack]
Anzug	dress, -en, -er [dress]
Bade|anzug	badedrakt, -a/-en, -er ['bahdedrackt]
~hose	badebukse, -a/-en, -er ['bahdebuxe]
~mantel	badekåpe, -a/-en, -er ['bahdekohpe]
Bikini	bikini, -en [bi'kihni]
Blazer	blazer, -en, -e ['bläisser]
Bluse	bluse, -en, -er ['blühsse]
bügelfrei	strykefri ['ssstrühkefrih]
Büstenhalter	brystholder, -en, -e ['brüsstholler]
Farbe	farge, -en, -er ['farrge]
Gürtel	belte, -et, -er ['bellte]
Hand|schuhe	hanske, -en, -er ['hannsker]
~tasche	håndveske, -a/-en, -er ['honnwesske]
Hemd	skjorte, -a/-en, -er ['schurrte]
Hose	bukse, -a/-en, -er ['buxe]
Hut	hatt, -en, -er [hatt]
Jacke	jakke, -a/-en, -er ['jacke]
Jeans	dongeribukse, -a/-en, -er ['dongeribuxe]

Baumwolle	bomull, -en ['bummüll]
Frottee	frotte [fru'teh]
Kunstfaser	kunstfiber, -en, -fibrer ['künnsstfihber]
Leinen	lin, -et [lihn]
Seide	silke, -en ['sillke]
Wolle	ull, -a/-en [üll]

Kleid	kjole, -en, -er ['chuhle]
Kostüm	drakt, -a/-en, -er [drackt]
Krawatte	slips, -et, - [schlipps]
Mantel	kappe, -a/-en, -er ['kappe], frakk, -en, -er [frack]; *(Damenmantel)* kåpe, -a/-en, -er ['kohpe]
Mütze	lue, -a/-en, -er ['lʉe]
Nachthemd	nattskjorte, -a/-en, -er ['nattschurrte]
Pullover	genser, -en, -e ['gennsser]
Pyjama	pyjamas, -en, -er [pü'schahmass]
Regenmantel	regnfrakk, -en, -er ['räinfrack]
Reißverschluß	glidelås, -en, -er ['glihdelohs]
Rock	skjørt, -et, - [schörrt]
Sakko	jakke, -a/-en, -er ['jacke]
Schal	skjerf, -et, - [scherrf], sjal, -et, - [schahl]
Schirm	paraply, -en, -er [para'plüh]
Slip	truse, -a/-en, -er [trühsse]
Socken	sokk, -en, -er ['sock]
Sommerkleid	sommerkjole, -en, -er ['sommerchuhle]
Strickjacke	strikkejakke, -a/-en, -er ['sstrickejacke]
Strümpfe	strømpe, -a/-en, -er ['sströmper]
Strumpfhose	strømpebukse, -a/-en, -er ['sströmpebuxe]
Trainingsanzug	treningsdrakt, -a/en, -er ['trehningsdrackt]
Unter|hemd	undertrøye, -a/-en, -er ['ünn(d)erträöe]
~hose	underbukse, -a/-en, -er ['ünn(d)erbuxe]
~wäsche	undertøy, -et ['ünn(d)ertöü]

SCHUHGESCHÄFT — SKOBUTIKK ['skuhbütick]

Ich möchte ein Paar ...schuhe.	Jeg vil gjerne ha et par ...-sko. [jäi will 'jährne hah ett pahr ... skuh]
Ich habe Schuhgröße ...	Jeg bruker skonummer ... [jäi brühker 'skuhnummer]
Sie sind zu eng/weit.	De er for trange/store. [di ähr forr 'trange/'schtuhre]
Bitte noch eine Tube Schuhcreme/ein Paar Schnürsenkel.	Kan jeg også få en tube skokrem/et par skolisser. [kann jäi 'osso foh en 'tühbe 'skuhkrehm/ett pahr 'schkuhlisser]
Gummistiefel	gummistøvel, -en, -støvler ['gümmisstöwwel]
Sandalen	sandal, -en, -er [san'dahler]
Schuh|e	sko, -en, - [skuh]
~creme	skokrem, -en ['skuhkrehm]
Stiefel	støvel, -en, støvler ['sstöwwel]
Turnschuhe	turnsko, -en, - ['tührnskuh]

OPTIKER | OPTIKER ['opptiker]

Würden Sie mir bitte diese Brille reparieren?	Kunne du være så vennlig å reparere disse brillene for meg? [künne dü 'währe so 'wennli o repa'rehre disse 'brillene for mäi]
Ich bin kurzsichtig/weitsichtig.	Jeg er nærsynt/langsynt. [jäi ähr 'nähschühnt/'langsühnt]
Wie ist Ihre Sehstärke?	Hvor sterke er brillene dine? [wu 'schtärrke ähr 'brillene dihne]
rechts plus/minus ..., links ...	Plus/minus ... på det høyre øyet, på det venstre plus/minus ... [plüss/'mihnüss ... po de 'höüre öüe po de 'wennsstre plüss/'mihnüss]
Wann kann ich die Brille abholen?	Når kan jeg hente brillene? [norr kann jäi 'hennte 'brillene]
Ich brauche ...	Jeg trenger ... [jäi 'trenger]
Aufbewahrungslösung	oppbevaringsvæske ['oppbewahringswässke]
Reinigungslösung	rensevæske ['rennssewässke]
für harte/weiche Kontaktlinsen.	for harde/myke kontaktlinser. [for 'hahre/'mühke kon'tacktlinnsser]
Ich suche ...	Jeg kikker ... [jäi 'chicker]
eine Sonnenbrille.	etter solbriller. [etter 'sullbriller]
ein Fernglas.	en kikkert. [en 'chickert]

SCHMUCKWAREN | SMYKKEARTIKLER ['smückearrtickler]

Meine Uhr geht nicht mehr. Können Sie mal nachsehen?	Klokka mi går ikke lenger. Kan du kikke på den? ['klocka mi gohr icke lenger. kann dü 'chicke po denn]
Ich möchte ein hübsches Andenken/Geschenk.	Jeg ville gjerne ha en pen souvenir/gave. [jäi wille 'jährne hah en pehn ssuwwenihr/'gahwe]

Anhänger	anheng, -et, - ['annheng]
Armband	armbånd, -et, - ['arrmbonn]
~uhr	armbåndsur, -et, - ['arrmbonnssühr]
Brosche	nål, -a/-en, -er [nohl]
Gold	gull, -et [güll]
Kette	kjede, -et, -er ['chehde]
Kristall	krystall, -en, -er [krüs'tall]
Ohrringe	ørering, -en, -er ['öhrering]
Perle	perle, -a/-en, -er ['pährle]
Ring	ring, -en, -er [ring]
Schmuck	smykke, -et, -er ['smücke]
Silber	sølv, -et [ssöll]

SCHREIBWAREN | PAPIRHANDEL [pa'pihrhandel]

Ich hätte gern ... | Jeg vil gjerne ha ... [jäi will 'jährne hah]

eine Wanderkarte von dieser Gegend. | et turkart over dette området. [ett 'tührkarrt ohwer dette 'ommrohde]

eine deutsche Zeitung. | en tysk avis. [en tüssk a'wihs]

einen Reiseführer. | en reiseguide. [en 'räissegaid]

Ansichtskarte	prospektkort, -et, - [pru'sspektkorrt]
Bleistift	blyant, -en, -er ['blüant]
Brief|marke	frimerke, -et, -er ['frihmärrke]
~papier	brevpapir, -et, - ['brehwpapihr]
~umschlag	konvolutt, -en, -er [konnwo'lütt]
Illustrierte	ukeblad, -et, - ['ühkeblah]
Klebstoff	lim, -et [lihm]
Kugelschreiber	kulepenn, -en, -er ['kühlepenn]
Landkarte	kart, -et, - [karrt]
Notizblock	notisblokk, -a/-en, -er [nu'tihsblock]
Papier	papir, -et, - [pa'pihr]
Radiergummi	viskelær, -et, - ['wisskelähr]
Reiseführer	reiseguide, -en, -er ['räissegaid]
Roman	roman, -en, -er [ru'mahn]
Spielkarten	(spille)kort, -et, - [('sspille)korrt]
Stadtplan	bykart, -et, - ['bühkarrt]
Straßenkarte	bilkart, -et, - ['bihlkarrt], veikart, -et, - ['wäikarrt]
Taschenbuch	pocketbok, -a/-en, -bøker ['pockettbuhk]
Wanderkarte	turkart, -et, - ['tührkarrt]
Zeichenblock	tegneblokk, -a/-en, -er ['täineblock]
Zeitschrift	tidsskrift, -et, - ['tidskrifft]
Zeitung	avis, -a/-en, -er [a'wihs]

TABAKWAREN | TOBAKKSVARER ['tubackswahrer]

Ein Päckchen/Eine Stange Zigaretten mit/ohne Filter, bitte. | En pakke/En kartong sigaretter med/uten filter, takk. [en 'packe/enn kar'tong ssiga'retter meh/'ühten 'fillter tack]

Zehn Zigarren/Zigarillos, bitte. | Ti sigarer/sigarillos takk. [tih si'gahrer/siga'rilluss tack]

Ein Päckchen/Eine Dose Zigaretten-/Pfeifentabak, bitte. | En pakke/En boks sigarett-/pipetobakk takk. [en packe/en box ssiga'rett/pihpetuback tack]

Eine Schachtel Streichhölzer/Ein Feuerzeug, bitte. | En eske fyrstikker/en lighter takk. [en 'esske 'fühschticker/en 'laiter tack]

Ein Doppelzimmer, bitte

Können Sie mir bitte … empfehlen?
ein gutes Hotel
eine Pension

Kan du anbefale meg …? [kann dü 'annbeffahle mäi]
et godt hotell [ett 'gott hu'tell]
et pensjonat [ett pangschu'naht]

Gibt es hier einen Campingplatz/eine Jugendherberge?

Er det en campingplass/et ungdomsherberge her? [ähr de en 'kämpingplass/ett 'ungdummsshährberrge 'hähr]

… IM HOTEL

REZEPTION — RESEPSJON [ressep'schuhn]

Ich habe bei Ihnen ein Zimmer reserviert. Mein Name ist …

Jeg har reservert et rom hos dere. Mitt navn er … [jäi hahr resser'wehrt ett rumm huss dehre mitt 'nawwn ähr]

Haben Sie noch Zimmer frei?
… für eine Nacht.
… für zwei Tage.
… für eine Woche.

Har dere noe ledig rom? [hahr dehre nue 'lehdi rumm]
… for ei natt. [… for äi natt]
… for to dager. [… forr tuh 'dahger]
… for ei uke. [… for äi 'ühke]

Nein, wir sind leider vollständig belegt.

Nei, det er dessverre fullt. [näi de ähr dess'wärre füllt]

Ja, was für ein Zimmer wünschen Sie?
ein Einzelzimmer …
ein Zweibettzimmer …
mit Dusche
mit Bad
ein ruhiges Zimmer
mit Blick aufs Meer

Ja, hva slags rom ønsker du? [jah wah schlaggs rumm 'önnsker dü]
et enkeltrom … [ett 'enkeltrumm]
et dobbeltrom … [ett 'dobbeltrumm]
med dusj [meh 'düsch]
med bad [meh 'bahd]
et rolig rom [ett 'ruhli 'rumm]
med havutsikt [meh 'hahwühtsickt]

Kann ich das Zimmer ansehen?	Kan jeg få se på rommet? [kann jäi fo 'sseh po 'rumme]
Können Sie noch ein drittes Bett dazustellen?	Kan du sette inn ei seng til? [kann dü ssette 'inn äi sseng 'till]
Was kostet das Zimmer mit ...	Hva koster rommet med ... [wah 'kosster 'rumme meh]
Frühstück?	frokost? ['fruhkosst]
Halbpension?	halvpensjon? ['halpangschuhn]
Vollpension?	helpensjon? ['hehlpangschuhn]
Ab wann gibt es Frühstück?	Når er det frokost? [norr ähr de 'fruhkosst]
Wo ist der Speisesaal?	Hvor er spisesalen? [wurr äh 'schpihssessahlen]

3-4 mal täglich

In Hotels werden üblicherweise drei Mahlzeiten serviert: Frühstück (*"frokost"* ['fruhkosst]), Mittagessen (*"lunsj"* [lönnsch]) und, als Hauptmahlzeit des Tages, das Abendessen (*"middag"* ['middag]). *"Middag"* gibt es am frühen Abend (im Hotel in der Regel nach 18 Uhr, privat meist schon etwa 16-17 Uhr), und privat wird oft noch „ein Gang zugelegt": ein spätes Abendessen (*"kveldsmat"* ['kwellsmaht]).

Frühstück: ESSEN & TRINKEN, → S. 35

Wecken Sie mich bitte morgen früh um ... Uhr.	Kan du vekke meg i morgen tidlig klokka ...? [kann dü 'wecke mäi i 'moern 'tihdli klocka]
Bitte meinen Schlüssel.	Kan jeg få nøkkelen min? [kann jäi foh 'nöckellen minn]

BEANSTANDUNGEN — KLAGER ['klahger]

Das Zimmer ist nicht gereinigt worden.	Rommet er ikke blitt reingjort. ['rumme ähr icke blitt 'räinjurrt]
Die Dusche ...	Dusjen ... ['düschen]
Die Spülung ...	Toalettet ... [tua'lette]
Die Heizung ...	Varmen ... ['warrmen]
Das Licht ...	Lyset ... ['lühsse]
funktioniert nicht.	virker ikke. ['wirrker icke]
Es kommt kein (warmes) Wasser.	Det kommer ikke (varmt)vann. [de 'kommer icke 'warrmtwann]
Die Toilette/Das Waschbecken ist verstopft.	Toalettet/Vasken er tett. [tua'lette/'wassken ähr tett]

ABREISE — AVREISE ['ahwräisse]

Ich reise heute abend/morgen um ... Uhr ab.	Jeg reiser i kveld/i morgen klokka ... ['jäi 'räisser i 'kwell/i 'moern klocka]
Machen Sie bitte die Rechnung fertig.	Kan du gjøre ferdig regningen? [kann dü jöhre 'fährdi 'räiningen]
Nehmen Sie deutsches Geld/Euroschecks?	Tar du tyske penger/eurosjekker? [tahr dü 'tüsske 'penger/'äüruscheck]
Kann ich mit Kreditkarte bezahlen?	Kan jeg betale med kredittkort? [kann jäi be'tahle me kre'dittkorrt]

„Vielen Dank für alles!"

"Mange takk for alt!" ['mange 'tack for 'alt] sagt man zu einem Sterbenden auf dem Sterbebett. Ansonsten bedankt man sich in Norwegen konkret; bei der Abfahrt von einer Pension zum Beispiel: *"Takk for oppholdet"* [tack for oppholle] *(„Danke für den Aufenthalt")*, *"Takk for denne gang!"* [tack for denne gang] *(„Danke für diesmal!")*, *"Takk for nå!"* [tack for noh] *(„Danke für jetzt!")*, *"Takk for den hyggelige servicen!"* [tack for den hüggelie sörrwissen] *(„Danke für die nette Bedienung!")*, *"Takk for den hyggelige tiden her!"* [tack for den hüggelie tihden hehr] *(„Danke für die gemütliche Zeit hier!")* etc.

Auf Wiedersehen!	Farvel! [far'well]

Abendessen	middag, -en ['middahg]
Anmeldung	innskriving, -en, -er ['innskrihwing]
Badezimmer	bad, -et, - [bahd]
Bett	seng, -a/-en, -er [sseng]
~wäsche	sengetøy, -et ['ssengetöü]
Dusche	dusj, -en, -er [düsch]
Empfangshalle	resepsjon, -en, -er [ressep'schuhn]
Etage	etasje, -en, -er [e'tahsche]
Fenster	vindu, -et, -er ['winndüh]
Fernsehraum	fjernsynsrom, -met, - ['fjährnssühnssrumm], TV-rom, -met, - ['tehwehrumm]
Frühstück	frokost, -en, -er ['fruhkosst]
Frühstücksraum	frokostrom, -met, - ['fruhkosstrumm]
Halbpension	halvpensjon, -en, -er ['halpangschuhn]
Handtuch	håndkle, -et, -klær ['honnkle]
Hauptsaison	høysesong, -en, -er ['höüssessong]
Heizung	varme, -en ['warrme]
Kinder|betreuung	barnepass, -et ['bahrnepass]
~bett	barneseng, -a/-en, -er ['bahrnesseng]
Klimaanlage	klimaanlegg, -et, - ['klihmaannlegg]

Kopfkissen	hodepute, -a/-en, -er ['huhdepühte]
Lampe	lampe, -a/-en, -er ['lampe]
Mittagessen	lunsj, -en, -er [lönnsch]
Nachsaison	lavsesong, -en, -er ['lahwssessong]
Nachttisch	nattbord, -et, - ['nattbuhr]
~lampe	nattlampe, -a/-en, -er ['nattlampe]
Pension	pensjonat, -et, -er [pangschu'naht]
Portier	portier, -en, -er [purrti'ehr]
Radio	radio, -en, -er ['rahdiu]
reinigen	rense, -et, -et/-a, -a ['rennsse]
Reservierung	reservering, -en, -er [ressär'wehring]
Rezeption	resepsjon, -en, -er [ressep'schuhn]
Safe	safe, -en, -er [ssäif]
Schlüssel	nøkkel, -en, nøkler ['nöckel]
Schrank	skap, -et, - [skahp]
Speisesaal	spisesal, -en, -er ['sspihssessahl]
Steckdose	veggkontakt, -en, -er ['weggkuntackt]
Stecker	stikkontakt, -en, -er ['sstickuntackt]
Toilette	toalett, -et, -er [tua'lett]
Übernachtung	overnatting, -en, -er ['ohwernatting]
Vollpension	helpensjon, -en, -er ['hehlpangschuhn]
Vorsaison	forsesong, -en, -er ['foschessong], lavsesong -en, -er ['lahwssessong]
Waschbecken	vaskeservant, -en, -er ['wasskessärrwannt]
Wasser	vann, -et [wann]
~hahn	vannkran, -en, -er ['wannkrahn]
Zimmer	rom, -met, - [rumm], værelse, -et, -er ['währelse]
~mädchen	værelsespike, -en/-a, -er ['währelsesspihke]
Zwischenstecker	adapter, -en, -e [a'dappter]

... IM FERIENHAUS

Ist der Strom-/Wasserverbrauch im Mietpreis enthalten?	Er strøm og vann med i leieprisen? [äh schtrömm o 'wann meh i 'läieprihssen]
Wo bekommen wir die Schlüssel für das Haus/die Wohnung?	Hvor får vi nøklene til huset/leiligheten? [wurr fohr wi 'nöcklene till 'hühsse/'läilihehten]
Müssen wir die Endreinigung selbst übernehmen?	Må vi gjøre reint før vi reiser? [moh wi jöhre 'räint föhr wi 'räisser]

Anreisetag	ankomstdag, -en, -er ['annkommsstdahg]
Appartement	leilighet, -en, -er ['läiliheht]

Bungalow	bungalow, -en, -er ['büngalohw]
Ferien|anlage	fritidsanlegg, -et, - ['frihtidsannlegg]
~haus	feriehus, -et, - ['fehriehühs], hytte, -a/-en, -er ['hütte]
~wohnung	ferieleilighet, -en, -er ['fehrieläiliheht]
Hausbesitzer	huseier, -en, -e ['hühssäier]
Herd	komfyr, -en, -er [kum'führ]
Kaffeemaschine	kaffetrakter, -en, -e ['kaffettrackter]
Kochnische	kjøkkenkrok, -en, -er ['chöckenkruhk]
Kühlschrank	kjøleskap, -et, - ['chöhleskahp]
Miete	leie, -a/-en, -er ['läie]
Müll	søppel, -et ['ssöppel]
Nebenkosten	ekstrautgifter *(pl)* ['extraühtjiffter]
Schlaf|couch	sovesofa, -en, -er ['sohwessuhfa]
~zimmer	soverom, -met, - ['sohwerumm]
Strom	strøm, -men [sströmm]
Toaster	brødrister, -en, -e ['bröhrisster]
vermieten	leie ut, leide, leid [läie 'üht]
Waschmaschine	vaskemaskin, -en, -er ['wasskemaschihn]

... AUF DEM CAMPINGPLATZ

Haben Sie noch Platz für einen Wohnwagen/ein Zelt?	Har dere plass til en campingvogn/et telt? [hahr dehre 'plass till en 'kämpingwongn/ett 'tellt]
Wie hoch ist die Gebühr pro Tag und Person?	Hva koster det per dag og person? [wah 'kosster de perr 'dahg o pe'schuhn]
Wie hoch ist die Gebühr für ...	Hva koster det for ... [wah 'kosster de for]
das Auto?	bilen? ['bihlen]
den Wohnwagen?	campingvogna? ['kämpingwongna]
das Wohnmobil?	bobilen? ['buhbihlen]
das Zelt?	teltet? ['tellte]
Wir bleiben ... Tage/Wochen.	Vi blir i ... dager/uker. [wih blihr i ... 'dahger/'ühker]
Gibt es hier ein Lebensmittelgeschäft?	Er det noen dagligvarebutikk her? [ähr de nuen 'dahgliwahrebütick hähr]
Wo sind ...	Hvor er ...? [wurr 'ähr]
die Toiletten?	toalettene? [tua'lettene]
die Waschräume?	vaskerommene? ['wasskerummene]
die Duschen?	dusjene? ['düschene]
Gibt es hier Stromanschluß?	Fins det noe strømuttak her? [finns de nue 'sströmmühtahk hähr]

Benutzungsgebühr	avgift for bruk ['ahwjifft for brühk]
Camping	camping, -en ['kämping]
~platz	campingplass, -en, -er ['kämpingplass]
Gas|flasche	gassflaske, -a/-en, -er ['gassflasske]
~kocher	gassapparat, -et, - ['gassapparaht]
Geschirrspülbecken	oppvaskkum, -men, -er ['uppwasskkumm]
Kocher	kokeapparat, -et, -er ['kuhkeapparaht]
leihen	låne, -te, -t ['lohne]
Leihgebühr	leie, -a/-en, -er ['läie]
Petroleumlampe	petroleumslampe, -a/-en, -er [pe'truleümslampe]
Steckdose	veggkontakt, -en, -er ['weggkuntackt]
Stecker	stikkontakt, -en, -er ['sstickuntackt]
Strom	strøm, -men [sströmm]
~anschluß	stromuttak, -et, - ['sströmmüttahk]
Trinkwasser	drikkevann, -et ['drickewann]
Voranmeldung	bestilling, -en, -er [be'sstilling]
Wasser	vann, -et [wann]

... IN DER JUGENDHERBERGE

Kann ich bei Ihnen ... leihen?	Kan jeg låne ... hos dere? [kann jäi lohne ... huss dehre]
Bettwäsche	sengetøy ['sengetöü]
einen Schlafsack	en sovepose [en 'sohwepuhsse]
Die Eingangstür wird um 24 Uhr abgeschlossen.	Ytterdøra blir låst klokka 24 ['ütterdöhra blihr 'lohsst klocka chue'fihre]

Bettwäsche	sengetøy, -et ['sengetöü]
Jugendherberge	ungdomsherberge, -et , -er ['ungdummsshährberrge], vandrerhjem -met, - ['wanndrerjemm]
Jugendherbergsausweis	ungdomsherbergekort, -et, - ['ungdummsshährberrgekorrt], vandrerhjemsmedlemskort, -et, - ['wanndrerjemmsmehdlemmskorrt]
Mitgliedskarte	medlemskort, -et, - ['mehdlemmskorrt]
Schlaf|saal	sovesal, -en, -er ['sohwessahl]
~sack	sovepose, -en, -er ['sohwepuhsse]
Waschraum	vaskerom, -met, - ['wasskerumm]

Rein ins Vergnügen!

BAR/DISKOTHEK/ NACHTCLUB	BAR/DISKOTEK/NATTKLUBB [bahr/dissku'tehk/'nattklübb]
Gibt es hier eine gemütliche Kneipe?	Er det noe hyggelig vertshus her? [ähr de nue 'hüggeli 'werrtsshühs hähr]
Wo kann man hier tanzen gehen?	Hvor kan en gå og danse her? [wurr kann en 'goh o 'dannsse hähr]
Ist Abendgarderobe erwünscht?	Må en være fint kledd? [moh en währe 'fihnt 'kledd]
Im Eintrittspreis ist ein Getränk enthalten.	Det er en drink inkludert i inngangspengene. [de ähr en 'drink innklü'dehrt i 'inngangsspengene]
Ein Bier, bitte.	En øl, takk. [en 'öll tack]
Das gleiche noch einmal.	En til av det samme, takk. ['ehn till ahw de 'samme tack]
Diese Runde übernehme ich.	Denne runden spanderer jeg. ['denne 'ründen sspan'dehrer jäi]
Wollen wir (noch einmal) tanzen?	Skal vi danse (en gang til)? [skall wi 'dannsse (ehn gang till)]

ausgehen	gå ut, gikk, gått [go 'üht]
Band	band, -et, - [bänn]
Bar	bar, -en, -er [bahr]
Discjockey	diskjockey, -en, -er ['disskjocki]
Diskothek	diskotek, -et, -er [dissku'tehk]
Folklore	folklore, -en ['follklohr]
~abend	folkloreaften, -en, -er [follk'lohrafften]
~musik	folkemusikk, -en ['follkemüssick]
Kneipe	vertshus, -et, - ['werrtsshühs], kro, -en, -er [kruh], kafé, -en, -er [ka'feh]
Live-Musik	levende musikk ['lehwende müs'sick]
Nachtclub	nattklubb, -en, -er ['nattklübb]
Show	show, -et, - [schou]
Spielcasino	spillekasino, -et, -er ['sspillekassihnu]
tanzen	danse, -et, -et/-a, -a ['dannsse]
Tanz|kapelle	danseorkester, -et, - ['dannsseorrkesster]
~musik	dansemusikk, -en ['dannssemüssick]
Türsteher	dørvakt, -a/-en, -er ['döhrwackt]

Haben Sie einen Veranstaltungskalender für diese Woche?	Har dere et program over hva som skjer denne uka? [hahr dehre ett pru'gramm ohwer wah ssomm 'schehr denne 'ühka]
Welches Stück wird heute abend (im Theater) gespielt?	Hva spiller de (i teateret) i kveld? [wa 'sspiller di (i te'ahtere) i kwell]
Können Sie mir ein gutes Theaterstück empfehlen?	Kan du anbefale meg et godt teaterstykke? [kann dü 'annbeffahle mäi ett gott te'ahteschtücke]
Wann beginnt die Vorstellung?	Når begynner forestillingen? [norr be'jünner 'fohresstillingen]
Wo bekommt man Karten?	Hvor får en billetter? ['wurr fohr en bil'letter]
Bitte zwei Karten für heute abend.	To billetter til i kveld, takk. [tuh bil'letter till i 'kwell tack]
Bitte zwei Plätze zu ...	To plasser til ... takk. [tuh 'plasser till ... tack]
Kann ich bitte ein Programm haben?	Kan jeg få et program? [kann jäi 'foh ett pru'gramm]
Wo ist die Garderobe?	Hvor er garderoben? [wurr ähr garrde'rohben]

Ballett	ballett, -en, -er [bal'lett]
Eintrittskarte	inngangsbillett, -en, -er ['inngangsbillett]
Festival	festival, -en, -er [fessti'wahl]
Film	film, -en, -er [fillm]
Kasse	kasse, -a/-en, -er ['kasse]
Kino	kino, -en, -er ['chihnu]
Konzert	konsert, -en, -er [kun'ssärrt]
Musical	musical, -en, -er ['mjühssikel]
Oper	opera, -en, -er ['upera]
Premiere	premiere, -en, -er [premmi'ähre]
Schauspiel	skuespill, -et, - ['skuesspill]
Theater	teater, -et, - [te'ahter]
Veranstaltungskalender	program, -met, - [pru'gramm]
Vorstellung	forestilling, -en, -er ['fohresstilling]
Vorverkauf	forsalg, -et, - ['foschallg]
Zirkus	sirkus, -et, - ['ssirrküss]

Wie weit ist es zum Strand?

IM SCHWIMMBAD/ AM STRAND	I SVØMMEBASSENGET [i 'sswömmebassenge]/ PÅ STRANDA [po 'sstranna]
Gibt es hier ein …	Er det noe/noen … her? [æhr de nue/nuen … hähr]
Freibad?	friluftsbad ['frihlüfftsbahd]
Hallenbad?	svømmehall ['swömmehall]

Nur für Schwimmer!	Bare for svømmere! ['bahre for 'sswömmere]
Hineinspringen verboten!	Stuping forbudt! ['sstühping for'bütt]
Baden verboten!	Bading forbudt! ['bahding for'bütt]

Ist die Strömung stark?	Er det sterk strøm her? [ähr de 'sstärrk 'sströmm hähr]
Ist es für Kinder gefährlich?	Er det farlig for barn? [ähr de 'fahrli for 'bahrn]
Wann ist Ebbe/Flut?	Når er det fjære (lavvann)/flo (høyvann)? [norr ähr de 'fjähre ('lahwann)/'fluh ('höüwann)]
Ich möchte … mieten.	Kan jeg få leie …? [kann jäi fo 'läie]
ein Boot	en båt [en boht]
ein Paar Wasserski	et par vannski [ett pahr 'wannschih]
Was kostet es pro Stunde/Tag?	Hva koster det pr. time/dag? [wah 'kosster de pehr 'tihme/'dahg]

SPORT	SPORT [sspurrt]
Welche Sportmöglichkeiten gibt es hier?	Hvilke muligheter for å drive sport er det her? [willke 'mühlihehter for o drihwe 'sspurrt ähr de hähr]
Gibt es hier …	Er det noen … her? [ähr de nuen … hähr]
einen Golfplatz?	golfbane ['gollfbahne]
einen Tennisplatz?	tennisbane ['tennissbahne]
Kann ich mitspielen?	Kan jeg få være med? [kann jäi fo währe 'meh]

Achtung, Angler!

In Salzgewässern (Fjorden, Küste) darf man ohne Genehmigung angeln, für Süßgewässer aber braucht man eine Angelerlaubnis ("fiskekort" ['fisskekurrt]).

Wo kann man hier angeln?	Hvor kan en fiske her? [wurr kann en 'fisske hähr]
Ich möchte ein Fahrrad mieten …	Jeg ville gjerne leie en sykkel … ['jäi 'wille 'jährne 'läie en 'ssückel]
für zwei Tage.	i to dager. [i tuh 'dahger]
für eine Woche.	i en uke. [i ehn 'ühke]
Ich möchte eine Bergtour machen.	Jeg vil gjerne ta en fjelltur. [jäi will 'jährne tah en 'fjelltühr]
Können Sie mir eine interessante Route auf der Karte zeigen?	Kan du vise meg en interessant rute på kartet? [kann dü 'wihsse mäi en intere'ssang 'rühte po 'karte]
Wo kann ich … ausleihen?	Hvor kan jeg låne/leie … ? [wurr kann jäi 'lohne/'läie]
Ich möchte einen …kurs machen.	Jeg vil gjerne gå på … kurs. [jäi will 'jährne goh po … kühsch]

Anfänger/in	nybegynner, -en, -e ['nühbejünner]
Angel	fiskestang, -a/-en, -stenger ['fisskesstang]
~schein	fiskekort, -et, - ['fisskekorrt]
Bademeister/in	badevakt, -a/-en, -er ['bahdewackt]
Ball	ball, -en, -er [ball]
Basketball	basketball, -en, -er ['bahsketball]
Bergsteigen	fjellklatring, -en ['fjellklattring]
Bootsverleih	båtutleie, -a/-en, -er ['bohtühtläie]
Doppel	dobbel ['dubbel]
Dusche	dusj, -en, -er [düsch]
Eintrittskarte	inngangsbillett, -en, -er ['inngangsbillett]
Einzel	enkel [enkel]
Eis|bahn	skøytebane, -a/-en, -er ['schöütebahne]
~hockey	ishockey, -en ['ihsshocki]
Ergebnis	resultat, -et, - [ressül'taht]
Fallschirmspringen	fallskjermhopping, -en ['fallschärrmhopping]
Federball	badminton, -en ['bäddminnten]
FKK-Strand	nudiststrand, -a/-en, -strender [nü'disstsstrann]
Freibad	friluftsbad, -et, - ['frihlüfftsbahd]
Fußball	fotball, -en, -er ['fuhtball]
~mannschaft	fotballag, -et, - ['fuhtballahg]

~platz	fotballplass, -en, -er ['fuhtballplass]
~spiel	fotballkamp, -en, -er ['fuhtballkammp]
gewinnen	vinne, vant, vunnet ['winne]
Golf	golf, -en [gollf]
~schläger	golfkølle, -a/-en, -er ['gollfkölle]
Gymnastik	gymnastikk, -en [gümmna'sstick]
Handball	håndball, -en ['honnball]
Hochseefischen	havfiske, -et ['hahwfisske]
joggen	jogge, -et, -et/-a, -a ['jogge]
Kanu	kano, -en, -er ['kahnu]
Kasse	kasse, -a/-en, -er ['kasse]
Kurs	kurs, -et, - [kühsch]
Langlauf	langrenn, -et ['langrenn]
Leichtathletik	friidrett, -en ['friihdrett]
Luftmatratze	luftmadrass, -en, -er ['lüfftmadrass]
Mannschaft	lag, -et, - [lahg]
Meisterschaft	mesterskap, -et, - ['messteschkahp]
Minigolf	minigolf, -en ['mihnigollf]
Motorboot	motorbåt, -en, -er ['muhturboht]
Nichtschwimmer	ikke-svømmer, -en, -e ['ickeswömmer]
Niederlage	nederlag, -et, - ['nedderlahg], tap, -et, - [tahp]
Paddelboot	kano, -en, -er ['kahnu], kajakk, -en, er ['kajack]
Programm	program, -met, - [pru'gramm]
radfahren	sykle, -et, -et/-a, -a ['ssückle]
Rad|rennen	sykkelløp, -et, - ['ssückelöhp]
~tour	sykkeltur, -en, -er ['ssückeltühr]
Regatta	regatta, -en, -er [re'gatta]
reiten	ri(de), red, ridd [rih ('rihde)]
Rennen *(Ski~)*	løp, -et, - [löhp]
Ruderboot	robåt, -en, -er ['ruhboht]
Rudern	ro, -dde, -dd [ruh]
Sand	sand, -en [ssann]
Sauna	badstu, -a/-en, -er ['basstu]
Schiedsrichter	dommer, -en, -e ['dummer]
Schlauchboot	gummibåt, -en, -er ['gümmiboht]
Schlepplift	skitrekk, -et, - ['schihtreck]
Schlitten	slede, -n, -er ['schlehde], kjelke, -en, -er ['chellke]
~fahren	ake på kjelke [ahke po 'chellke]
Schlittschuhe	skøyter *(pl)* ['schööter]
Schnorchel	snorkel, -en, snorkler ['snorrkel]
Schwimmbad	svømmebasseng, -et, - ['sswömmebasseng]
schwimmen	svømme, -te, -t ['sswömme]
Schwimmer/in	svømmer, -en, -e ['sswömmer]
Schwimm|flossen	svømmeføtter *(pl)* ['sswömmefötter]
~ring	badering, -en, -er ['bahdering]
Segelboot	seilbåt, -en, -er ['ssäilboht]

Segelfliegen	seilflyging, -en ['ssäilflühging]
Segeln	seile, -te, -t ['ssäile]
Seilbahn	taubane, -a/-en, -er ['täübahne]
Sessellift	stolheis, -en, -er ['sstuhlhäiss]
Sieg	seier, -en, -e ['ssäier]
Ski	ski, -a, -er [schih]
~laufen	skiløping, -en/-a ['schihlöhping]
Solarium	solarium, -et, -rier [ssu'lahriüm]
Sonnenschirm	solskjerm, -en, -er ['ssuhlschärrm]
Spiel	spill, -et, - [sspill]
Sportler/in	idrettsmann, -en, -menn/idrettskvinne, -a/-en, -er ['ihdrettsmann/'ihdrettskwinne]
Sportplatz	idrettsplass, -en, -er ['ihdrettssplass]
Sprungbrett	trampoline, -en, -er [trampu'lihne], stupebrett, -et, - ['sstühpebrett]
Squash	squash, -en [skwosch]
Surfbrett	surfebrett, -et, - ['ssörrfebrett]
surfen	surfe, -et, -et/-a, -a ['ssörrfe]
tauchen	dykke, -et, -et/-a, -a ['dücke]
Taucher|ausrüstung	dykkerutrustning, -en, -er ['dückerühtrüssning]
~brille	dykkerbriller *(pl)* ['dückerbriller]
Tennis	tennis, -en ['tenniss]
~schläger	tennisracket, -en, -er ['tennissräcket]
Tischtennis	bordtennis, -en ['buhrtenniss]
Tor	mål, -et, - [mohl]
~wart	målmann, -en, -menn ['mohlmann]
Tretboot	pedalbåt, -en, -er [pe'dahlboht]
unentschieden	uavgjort ['üahwjurrt]
verlieren	*(nicht gewinnen)* tape, -te, -t ['tahpe]; *(nicht mehr finden)* tape, -te, -t ['tahpe], miste, -et, -et/-a, -a [misste]
Volleyball	volleyball, -en ['wolliball]
Wandern	gå tur, gikk, gått [goh 'tühr], vandre, -et, -et/-a, -a ['wanndre]
Wanderweg	tursti, -en, -er ['tühschtih]
Wasserball	vannpolo, -en ['wannpuhlu]
Wettkampf	konkurranse, -en, -er [kunnkü'rannsse]
Windschirm	leskjerm, -en, -er ['lehschärrm]

Den Hund lüften

Wenn die Norweger ihren Hund ausführen, sagen sie *"Jag går for å lufte hunden"* [jäi gohr for o lüfte hünnen] (wortwörtlich: *„Ich gehe, um den Hund zu lüften"*). Wer selbst frische Luft schöpfen will, sagt: *"Jag vil lufte meg litt"* [jäi wil lüfte mäi litt] (*„Ich möchte mich ein bißchen lüften). Ansonsten wird das Wort "lufte"* (*„lüften"*) wie im Deutschen benutzt: *"Lufte sengetøyet"* [lüfte sengetöye] (*„Das Bettzeug/Die Bettwäsche lüften"*).

Für die Kleinsten das Größte

Gibt es auch Kinderportionen?	Har dere barneporsjoner også? [hahr dehre 'bahrnepuschuhner osso]
Könnten Sie mir bitte das Fläschchen warmmachen?	Kan du være så snill å varme flaska for meg? '[kann dü währe so snill o 'warrme 'flasska for mäi]
Haben Sie einen Wickelraum?	Har dere stellerom? [hahr dähre 'sstellerumm]
Bitte bringen Sie noch einen Kinderstuhl.	Han du hente en barnestol til? [kann dü hennte en 'bahrnesstuhl till]

Babysitter	barnevakt, -a, -er ['bahrnewackt]
Fläschchenwärmer	flaskevarmer, -en, -e ['flasskewarrmer]
Kinder|autositz	bilsete for barn ['bihlsehte for bahrn]
~betreuung	barnepass, -et ['bahrnepass]
~ermäßigung	barnemoderasjon ['bahrnemuderaschuhn]
~nahrung	barnemat, -en ['bahrnemaht]
Planschbecken	plaskebasseng, -et, - ['plasskebasseng]
Schnuller	sutt, -en, -er [ssütt]
Schwimm|flügel	svømmevinger *(pl)* ['swömmewinger]
~ring	badering, -en, -er ['bahdering]
Spielplatz	lekeplass, -en, -er ['lehkeplass]
Spielsachen	leketøy, -et ['lehketöü]
Wickeltisch	stellebord, -et, - ['sstellebuhr]

Von Kind zu Kind

Wie heißt du?	Hva heter du? [wah 'hehter dü]
Ich heiße …	Jeg heter … [jäi 'hehter]
Woher kommst du?	Hvor kommer du fra? [wurr 'kommer dü frah]
Ich komme aus …	Jeg kommer fra … [jäi 'kommer frah]
Willst du mit mir spielen?	Vil du leke med meg? [will dü 'lehke me mäi]

Strand
strand
[sstrann]
Burg
borg
[borrg]
WELLE
Umziehkabine
omkledningsavlukke
['ommkleddningsahwlucke
1
2
3
Sonnenschirm
solskjerm
['suhlschärrm]
Eiskrem
is
[ihss]
Bademeister
badevakt
['bahdewackt]
Schaufel
spade
['sspahde]
Segelboot
seilbåt
['säilboht]
Handtuch
håndkle
['honkle]
Floß
flåte
['flohte]
Ball
ball
[ball]
Wasser
vann
[wann]

Bäckerei
bakeri
[bahke'rih]
Auto
bil
[bihl]
Straße
gate
['gahte]
Polizei
politi
[puli'tih]
Ampel
trafikklys
[tra'ficklühs]
Hund
hund
[hünn]
Unfall
ulykke
['ühlücke]
Fahrrad
sykkel
['ssückel]
Feuerwehr
brannvesen
['brannwehssen]
Straßenbahn
trikk
[trick]

Von A wie Arzt bis Z wie Zoll

ARZT	LEGE ['lehge]
Beim Arzt	**Hos legen** [huss 'lehgen]
Können Sie mir einen guten … empfehlen?	Kan du anbefale meg en god …? [kann dü 'annbeffahle mäi en guh]
Arzt	lege, -en, -er ['lehge]
Augenarzt	øyenlege, -en, -er ['öüenlehge]
Frauenarzt	gynekolog, -en, -er [güneku'lohg]
Hals-Nasen-Ohren-Arzt	øre-nese-hals-lege ['öhre-'nesse-halls-lehge]
Hautarzt	hudlege, -en, -er ['hühdlehge]
Kinderarzt	barnelege, -en, -er ['bahrnelehge]
Neurologen	neurolog, -en, -er [näüru'lohg]
Praktischen Arzt	allmennpraktiserende lege ['allmennpracktissehrende lehge]
Urologen	urolog, -en, -er [üru'lohg]
Zahnarzt	tannlege, -en, -er ['tannlehge]
Wo ist seine Praxis?	Hvor ligger kontoret hans? [wurr 'ligger kun'tuhre hanns]
Wo finde ich die Arztstation?	Hvor finner jeg legevagten? [wurr 'finner jäi lehgewackten]

Norwegen hat kaum freie Ärzte, sondern kommunale Arztstationen.

Was für Beschwerden haben Sie?	Hva er det som feiler deg? [wah ähr de som 'fäiler däi]
Ich habe mich verletzt.	Jeg har skadet meg. [jäi hah 'schkahdet mäi]
Ich habe Fieber.	Jeg har feber. [jäi hahr 'fehber]
Mir ist oft schlecht/schwindelig.	Jeg er ofte dårlig/svimmel. [jäi ähr 'offte 'dohrli/'swimmel]

MOTTAKELSE (Empfang)

VENTEROM (Wartezimmer)

KONTOR (Sprechzimmer)

Ich bin ohnmächtig geworden.	Jeg besvimte. [jäi be'sswihmte]
Ich bin stark erkältet.	Jeg er sterkt forkjølet. [jäi äh schtärrkt for'chöhlet]
Ich habe Kopfschmerzen.	Jeg har hodepine. [jäi hahr 'huhdepihne]
Ich habe Halsschmerzen.	Jeg har vondt i halsen. [jäi hahr wunnt i 'hallsen]
Ich habe Husten.	Jeg har hoste. [jäi hahr 'husste]
Ich bin gestochen/gebissen worden.	Jeg er blitt stukket/bitt. [jäi ähr blitt 'sstucket/'bitt]
Ich habe Durchfall/Verstopfung.	Jeg har diare/forstoppelse. [jäi hahr diar'reh/hahr fo'schtoppelse]
Wo tut es weh?	Hvor gjør det vondt? ['wurr jöhr de 'wunnt]
Ich habe hier Schmerzen.	Jeg har smerter her. [jäi hah 'schmärrter 'hähr]
Ich bin Diabetiker/in.	Jeg er diabetiker. [jäi ähr dia'behtiker]
Ich bin schwanger.	Jeg er gravid. [jäi ähr gra'wihd]
Es ist nichts Ernstes.	Det er ikke noe alvorlig. [de ähr icke nue all'wohrli]
Können Sie mir bitte etwas gegen ... geben?	Kan du gi meg noe mot...? [kann dü 'jih mäi 'nue muht ...]
Können Sie mir bitte etwas gegen ... verschreiben?	Kan du skrive ut noe mot ... for meg? [kann dü skrihwe 'üht 'nue muht ... for mäi]

Beim Zahnarzt	**Hos tannlegen** [huss tannlehgen]
Ich habe (starke) Zahnschmerzen.	Jeg har (sterk) tannverk. [jäi hah (schtärrk)r 'tannwärrk]
Ich habe eine Füllung verloren.	Jeg har mistet en fylling. [jäi hahr 'misstet en 'fülling]
Mir ist ein Zahn abgebrochen.	Jeg har knekt ei tann. [jäi hahr 'kneckt äi 'tann]
Geben Sie mir bitte eine Spritze.	Kan jeg få bedøving? [kann jäi foh be'döhwing]
Geben Sie mir bitte keine Spritze.	Jeg vil ikke ha bedøving. [jäi will icke hah be'döhwing]

Im Krankenhaus	**På sjukehuset** [po schʉhkehʉhse]
Wie lange muß ich hier bleiben?	Hvor lenge må jeg bli her? [wurr 'lenge moh jäi 'blih hähr]
Wann darf ich aufstehen?	Når kan jeg stå opp? [norr kann jäi sstoh 'opp]

Abszeß	byll, -en, -er [büll]
Aids	aids [äids]
Allergie	allergi, -en, -er [aller'gih]
ansteckend	smittsom ['smittsomm]
Arm	arm, -en, -er [arrm]
Asthma	astma, -en ['asstma]
Atembeschwerden	pustevansker *(pl)* ['püsstewannsker]
atmen	puste, -et, -et/-a, -a ['püsste]
Auge	øye, -et, -øyne ['öüe]
Ausschlag	utslett, -et ['ühtschlett]
Bänderriß	et avslitt leddbånd [ett 'awwschlitt 'leddbonn]
Bauch	mage, -en, -er ['mahge]
Bein	bein, -et, - [bäin]
bewußtlos	bevisstløs [be'wisstlöhs]
Blähungen	luft i magen [lüfft i 'mahgen]
Blase	blemme, -en/a, -er ['blemme]
Blinddarm	blindtarm, -en, -er ['blinntarrm]
bluten	blø, -dde, -dd [blöh]
Blut	blod, -et [bluh]
Blut|druck (hoher/niedriger)	blodtrykk, -et ['bluhtrück] (høyt/lavt) [höüt/lahwt]
~vergiftung	blodforgiftning, -en, -er ['bluhforrjifftning]
Bronchitis	bronkitt, -en [brung'kitt]
Bruch	brudd, -et, - [brüdd]
Brust	bryst, -et, - [brüsst]
Bypass	bypass, -et ['baipahss]
Darm	tarm, -en, -er [tarrm]
Diabetes	diabetes [dia'behtess]
Durchfall	diare, -en [diar'reh]
Eiter	materie, -en [ma'tehrie]
Entzündung	betennelse, -en, -er [be'tennelse]
erbrechen, sich	kaste opp, -et, -et/-a, -a [kasste 'opp]
erkälten, sich	bli forkjølet [blih for'chöhlet]
Fehlgeburt	abort, -en, -er [a'borrt]
Fieber	feber, -en ['fehber]
Finger	finger, -en, fingrer ['finger]
Fuß	fot, -en, føtter [fuht]
Gallenblase	galleblære, -a/-en, -er ['galleblähre]
gebrochen	brukket ['brucket]
Gehirn	hjerne, -en, -er ['jährne]
~erschütterung	hjernerystelse, -en, -er ['jährnerüsstelse]
~schlag	hjerneslag, -et, - ['jährneschlahg]
Gelbsucht	gulsott, -a/-en ['gühlsott]
Gelenk	ledd, -et, - [ledd]
Geschlechts|krankheit	kjønnssjukdom, -men, -mer ['chönnssschühkdumm]
~organe	kjønnsorganer *(pl)* ['chönnssorrgahner]

geschwollen	oppsvulmet ['oppswüllmet]
Geschwür	byll, -en, -er [büll]
Gesicht	ansikt, -et, -er ['annssickt]
Grippe	influensa, -en [innflü'ennssa]
Hals	hals, -en, -er [halls]
~schmerzen	halssmerter *(pl)* ['hallsmärrter]
Hand	hånd, -a/-en, hender [honn]
Haut	hud, -a/-en, -er [hühd]
Herz	hjerte, -et, -er ['järrte]
~anfall	hjerteanfall, -et, - ['järrteannfall]
~beschwerden	hjerteproblemer *(pl)* ['järrteprublehmer]
~fehler	hjertefeil, -en, - ['järrtefäil]
~infarkt	hjerteinfarkt, -et, - ['järrteinnfarrkt]
~schrittmacher	pacemaker, -en, -e ['päissmäiker]
Hexenschuß	hekseskudd, -et, - ['hexesküdd]
Hüfte	hofte, -a/-en, -er ['hoffte]
Husten	hoste, -en ['husste]
Impfung	vaksinasjon, -en, -er [waxinna'schuhn]
Infektion	infeksjon, -en, -er [infek'schuhn]
Ischias	isjias, -en ['ihschiass]
Kinderlähmung	poliomyelitt, -en [puliumüe'litt]
Knie	kne, -et, knær [kneh]
Knöchel	ankel, -en, ankler ['ankel]
Knochen	knokkel, -en, knokler ['knockel]
~bruch	knokkelbrudd, -et, - ['knockelbrüdd]
Kolik	kolikk, -en [ku'lick]
Kopf	hode, -et, -er ['huhde]
~schmerzen	hodepine, -en ['huhdepihne]
Krampf	krampe, -en ['krampe]
krank	sjuk [schühk], syk [sühk]
Kranken|haus	sjukehus, -et, - ['schühkehühs]
~schein	sjukeattest, -en, -er ['schühkeattesst]
~schwester	sjukesøster, -a/-en, -søstrer ['schühkessösster]
Krankheit	sjukdom, -men, -mer [schühkdumm]
Krebs	kreft, -en [krefft]
Kreislaufstörung	problemer med blodomløpet [pru'blehmer meh 'bluomlöhpe]
Lähmung	lammelse, -en, -er ['lammelse]
Lebensmittelvergiftung	matforgiftning, -en, -er ['mahtforrjifftning]
Leber	lever, -en, levrer ['lewer]
Leistenbruch	lyskebrokk, -en ['lüsskebrock]
Lippe	leppe, -a/-en, -er ['leppe]
Loch *(im Zahn)*	hull, -et, - [hüll]
Lunge	lunge, -a/-en, -er ['lunge]
Magen	mage, -en, -er ['mahge]
~schmerzen	magesmerter *(pl)* ['mahgesmärrter]
Mandeln	mandler *(pl)* ['manndler]

Masern	meslinger *(pl)* ['meschlinger]
Menstruation	menstruasjon, -en, -er [mennsstrüa'schuhn]
Migräne	migrene, -en [mi'grehne]
Mittelohrentzündung	ørebetennelse, -en ['öhrebettennelse]
Mumps	kusma, -en ['küssma]
Mund	munn, -en, -er [münn]
Muskel	muskel, -en, muskler ['müsskel]
Narbe	arr, -et, - [arr]
Narkose	narkose, -en, -er [nar'kuhsse]
Nase	nese, -a/-en, -er ['nehsse]
Nerv	nerve, -a/-en, -er ['närrwe]
nervös	nervøs [när'wöhs]
Nieren|entzündung	nyrebetennelse, -en, -er ['nührebettennelse]
~stein	nyrestein, -en, -er ['nühresstäin]
Ohnmacht	besvimelse, -en [be'sswihmelse]
Ohr	øre, -et, -er ['öhre]
Operation	operasjon, -en, -er [upera'schuhn]
Plombe	plombe, -en, -er ['plummbe]
Pocken	kopper *(pl)* ['kopper]
Praxis	praksis, -en ['praxiss], kontor, -et, - [kun'tuhr]
Prellung	indre kvestelser *(pl)* ['inndre 'kwesstelser]
Prothese	protese, -en, -er [pru'tehsse]
Puls	puls, -en [pülls]
Quetschung	kvestelse, -en, -er ['kwesstelse]
Rheuma	rheumatisme, -en [räüma'tissme]
Rippe	ribbein, -et, - ['ribbäin]
röntgen	røntgen ['rönntken]
Röteln	røde hunder ['röe 'hünner]
Rücken	rygg, -en, -er [rügg]
~schmerzen	ryggsmerter *(pl)* ['rüggsmärrter]
Salmonellen	salmonella [ssallmun'ella]
Schädel	hodeskalle, -en, -er ['huhdeskalle], kranium, kraniet, kranier ['krahniüm]
Scharlach	skarlagensfeber, -en [skar'lahgensfehber]
Schienbein	skinnebein, -et, - ['schinnebäin]
Schlaflosigkeit	søvnløshet, -en ['söwwnlöhssheht]
Schlaganfall	slaganfall, -et, - ['schlahgannfall]
Schlüsselbein	kragebein, -et, - ['krahgebäin]
Schmerzen	smerter *(pl)* ['smärrter]
Schnittwunde	snittsår, -et, - ['snittsohr]
Schnupfen	snue, -en ['snue]
Schulter	skulder, -en, skuldrer ['sküllder]
Schüttelfrost	kuldegysninger *(pl)* ['külldejühsninger]
Schwangerschaft	svangerskap, -en ['swangeschkahp], graviditet, -en [grawidi'teht]

Schwellung	hevelse, -en, -er ['hehwelse]
Schwindel	svimmelhet, -en ['sswimmelheht]
schwitzen	svette, -et, -et/-a, -a ['sswette]
Sonnenstich	solstikk, -et, - ['ssuhlsstick]
Speiseröhre	spiserør, -et, - ['sspihsseröhr]
Sprechstunde	kontortid, -a/-en, -er [kun'tuhrtih]
Spritze	sprøyte, -a/-en, -er ['ssprööte]
Stich	stikk, -et, - [sstick]
Stirnhöhlenentzündung	bihulebetennelse, -en, -er ['bihhühlebettennelse]
Stuhlgang	avføring, -en, -er ['ahwföhring]
Tetanus	stivkrampe, -en ['sstihwkrampe]
Trommelfell	trommehinne, -a/-en, -er ['trummehinne]
Typhus	tyfus, -en ['tühfüss]
Übelkeit	kvalme, -en ['kwallme]
Ultraschalluntersuchung	ultralydundersøkelse, -en, -er ['ültralühdünneschöhkelse]
Unterleib	underliv, -et ['ünnerlihw]
Untersuchung	undersøkelse, -en, -er [ünne'schöhkelse]
Urin	urin, -en [ü'rihn]
Verband	forbindingssaker *(pl)* [for'binningssahker]
verbinden	forbinde, forbant, forbundet [for'binne]
Verbrennung	forbrenning, -en, -er [for'brenning]
Verdauung	fordøyelse, -en [for'döüelse]
Verdauungsstörung	fordøyelsesvansker *(pl)* [for'döüelseswannsker]
Vergiftung	forgiftning, -en, -er [for'jiffning]
verletzen	skade, -et, -et/-a, -a ['skahde]
Verletzung	skade, -en, -er ['skahde]
verschreiben	skrive ut, skrev ut, skrevet ut [skrihwe 'üht], forordne, -et, -et/-a, -a [for'orrdne]
verstaucht	forstuet [fo'schtʉet]
Verstopfung	forstoppelse, -en, -er [fo'schtoppelse]
Virus	virus, -et ['wihrüss]
Wartezimmer	venterom, -met, - ['wennterumm]
weh tun	gjøre vondt, gjorde, gjort [jöhre 'wunnt]
Windpocken	vannkopper *(pl)* ['wannkopper]
Wunde	sår, -et, - [ssohr]
Zahn	tann, -a/-en, tenner [tann]
Zehe	tå, -a, tær [toh]
Zerrung	forstrekning, -en, -er [fo'schtreckning]
ziehen *(Zahn)*	trekke, trakk, trukket ['trecke]
Zunge	tunge, -a/-en, -er [tunge]

BANK / GELDWECHSEL — BANK [bank] / VEKSLING ['weckschling]

Wo ist hier bitte ...	Unnskyld, hvor finner jeg ... ['ünnschüll wurr 'finner jäi]
eine Bank?	en bank? [en bank]
eine Wechselstube?	et vekslingskontor? [ett 'weckschlingskuntuhr]
Ich möchte ... DM (Schilling, Schweizer Franken) in Kronen wechseln.	Jeg ville gjerne veksle D-mark (schilling, sveitsiske francs) i kroner. [jäi wille 'jährne weckschle 'dehmarrk ('schilling, 'swäitsisske 'frang) i 'kruhner]
Ich möchte ... einlösen.	Jeg ville gjerne løse inn ... [jäi wille 'jährne löhsse 'inn]
diesen Euroscheck	denne eurosjekken. [denne 'äüruschecken]
diesen Reisescheck	denne reisesjekken. [denne 'räisseschecken]
Ihre Scheckkarte, bitte.	Ditt kontobevis, takk. [ditt 'kunntubewihs tack]
Darf ich bitte ... sehen?	Kan jeg få se ...? [kann jäi fo seh ...]
Ihren Paß	passet ditt ['passe ditt]
Ihren Ausweis	legitimasjonen din [legitima'schuhnen dinn]
Würden Sie bitte hier unterschreiben?	Vil du være vennlig å underskrive her? [will dü währe 'wennli o 'ündeschkrihwe 'hähr]

auszahlen	betale ut, -te, -t [be'tahle]
Bank	bank, -en, -er [bank]
Betrag	beløp, -et, - [be'löhp]
D-Mark	D-mark, -en ['dehmarrk]
Euroscheck	eurosjekk, -en, -er ['äüruscheck]
Formular	blankett, -en, -er ['blankett]
Geheimzahl	kode, -en, -er ['kuhde]
Geld	penger *(pl)* ['penger]
~automat	pengeautomat, -en, -er ['pengeäütumaht]
~schein	pengeseddel, -en, -sedler ['pengesseddel]
~wechsel	veksling, -en ['weckschling]
Kasse	kasse, -a/-en, -er ['kasse]
Kleingeld	småpenger *(pl)* ['ssmohpenger]
Kreditkarte	kredittkort, -et, - [kre'dittkorrt]
Kurs	kurs, -en, -er [kühsch]
Münze	mynt, -en, -er [münnt]
Reisescheck	reisesjekk, -en, -er ['räisscheck]
Schalter	luke, -a/-en, -er ['lühke]
Scheck	sjekk, -en, -er [scheck]
~karte	kontobevis, -et, - ['kunntubewihs]

Schilling	schilling ['schilling]
Schweizer Franken	sveitsiske francs ['swäitsisske frang]
umtauschen	veksle, -et, -et/-a, -a ['weckschle]
Unterschrift	underskrift, -a/-en, -er ['ündeschkrifft]
Währung	valuta, -en, -er [wa'lühta]
Wechsel|kurs	vekslingskurs, -en, -er ['weckschlingskühsch]
~stube	vekslingskontor, -et, - ['weckschlingskuntuhr]
Zahlung	betaling, -en [be'tahling]

FUNDBÜRO — HITTEGODSKONTOR ['hitteguddskuntuhr]

Wo ist das Fundbüro, bitte?	Unnskyld, hvor er hittegodskontoret? ['ünnschüll wurr ähr 'hitteguddskuntuhre]
Ich habe ... verloren.	Jeg har mistet ... [jäi hahr 'misstet]
Ich habe meine Handtasche im Zug vergessen.	Jeg har glemt håndveska mi på toget. [jäi hahr glemmt 'honnwesska mih po 'tohge]
Benachrichtigen Sie mich bitte, wenn sie gefunden werden sollte.	Kunne du være så snill å informere meg hvis den skulle bli funnet? [künne dü 'währe so snill o innfor'mehre mäi wiss denn skülle bli 'fünnet]
Hier ist meine Hotelanschrift.	Her er hotelladressen min. [hähr ähr hu'telladressen minn]

NAHVERKEHR — LOKALTRAFIKK [lu'kahltrafick]

Bitte, wo ist die nächste ...-Haltestelle?	Unnskyld, hvor er det nærmeste ... -stoppestedet? ['ünnschüll wurr ähr de 'närrmesste ... 'sstoppesstehde]
Bus	buss, -en, -er [büss]
Straßenbahn	trikk, -en, -er [trick]
Welche Linie fährt nach ...?	Hvilken linje går til ...? [willken 'linnje gohr till]
Wann fährt der Bus ab?	Når går bussen? [norr 'gohr 'büssen]
Wo fährt der Bus ab?	Hvor går bussen fra? [wurr 'gohr 'büssen frah]
Wo muß ich aussteigen/umsteigen?	Hvor må jeg gå av/bytte? [wurr mo jäi goh 'ahw/'bütte]

Wo kann ich den Fahrschein kaufen?	Hvor kan jeg kjøpe billett? [wurr kann jäi chöhpe bil'lett]
Bitte, einen Fahrschein nach …	En billett til …, takk. [en bil'lett till … tack]

Abfahrt	avgang, -en, -er ['ahwgang]
aussteigen	gå av, gikk av, gått av [go 'ahw]
Bus	buss, -en, -er [büss]
einsteigen	gå på, gikk, gått [go 'poh]
Endstation	endestasjon, -en, -er ['endesstaschuhn]
Fahr|er/in	sjåfør, -en, -er [scho'föhr]
~kartenautomat	billettautomat, -en, -er [bil'lettäütumaht]
~preis	billettpris, -en, -er [bil'lettprihs]
~schein	billett, -en, -er [bil'lett]
Haltestelle	stoppested, -et, -er ['sstoppessteh(d)], holdeplass, -en, -er ['holleplass]
Kontrolleur	kontrollør, -en, -er [kunntrul'löhr]
lösen *(Fahrschein)*	kjøpe, -te, -t ['chöhpe]
Schaffner	konduktør, -en, -er [konndück'töhr]
Straße	gate, -a/-en, -er ['gahte]
Straßenbahn	trikk, -en, -er [trick]
U-Bahn	T-bane, -a/-en, -er ['tehbahne]

POLIZEI — POLITI [puli'tih]

Wo ist bitte das nächste Polizeirevier?	Unnskyld, hvor er nærmeste politistasjon? ['ünnschüll wurr ähr 'närrmesste puli'tihsstaschuhn]
Ich möchte einen … anzeigen.	Jeg ville anmelde … [jäi wille 'annmelle]
Diebstahl	et tjuveri. [ett chühwe'rih]
Verlust	et tap. [ett 'tahp]
Unfall	en ulykke. [en 'ühlücke]
Mir ist … gestohlen worden.	… er blitt stjålet. [… ähr blitt 'sstjohlet]
die Handtasche	Håndveska mi ['honnwesska mih]
die Brieftasche	Lommeboka mi ['lummebuhka mih]
mein Fotoapparat	Fotoapparatet mitt ['fuhtuapparahte mitt]
mein Auto	Bilen min ['bihlen minn]
mein Fahrrad	Sykkelen min ['ssückelen minn]
Mein Auto ist aufgebrochen worden.	Det har vært innbrudd i bilen min. [de hahr wärrt 'innbrüdd i 'bihlen minn]
Aus meinem Auto ist … gestohlen worden.	Det er blitt stjålet … fra bilen min. [de ähr blitt 'sstjohlet … frah 'bihlen minn]

Ich habe … verloren.	Jeg har mistet … [jäi hahr 'misstet]
Mein Sohn/Meine Tochter ist verschwunden.	Sønnen min/Dattera mi er forsvunnet. ['sönnen minn/'dattera mi ähr foschwünnet]
Können Sie mir bitte helfen?	Kan du være så snill å hjelpe meg? [kann dü 'währe so snill o 'jelpe mäi]
Ihren Namen und Ihre Anschrift, bitte.	Ditt navn og adresse, takk. [ditt 'nawwn o a'dresse tack]
Wenden Sie sich bitte an das …	Vend deg til det … ['wenn däi till de]
deutsche Konsulat.	tyske konsulatet. ['tüsske kunnssü'lahte]
österreichische Konsulat.	østerrikske konsulatet. ['össterihkske kunnssü'lahte]
Schweizer Konsulat.	sveitsiske konsulatet. ['swäitsisske kunnssü'lahte]

anzeigen	anmelde, -te, -t ['annmelle]
aufbrechen	bryte opp, brøt, brutt [brühte 'opp]
Auto|radio	bilradio, -en, -er ['bihlrahdiu]
~schlüssel	bilnøkkel, -en, -nøkler ['bihlnöckel]
belästigen	plage, -et, -et/-a, -a ['plahge]
beschlagnahmen	beslaglegge, -la, -lagt [be'schlahglegge]
Brieftasche	lommebok, -a/-en, -bøker ['lummebuhk]
Dieb	tjuv, -en, -er [chühw], tyv [tühw]
~stahl	tjuveri, -et, -er [chühwe'rih], tyveri [tühwerih]
Gefängnis	fengsel, -et, - ['fengsel]
Geld	penger *(pl)* ['penger]
Geldbörse	pengepung, -en, -er ['pengepung]
Gericht	rett, -en, -er [rett]
Papiere	papirer *(pl)* [pa'pihrer]
Personalausweis	identitetskort, -et, - [identi'tehtskorrt]
Polizei	politi, -et [puli'tih]
Polizist/in	politimann, -en, -menn [puli'tihmann]
Rauschgift	rusgift, -en, -er ['rühssjifft]
Rechtsanwalt/anwältin	sakfører, -en, -e ['ssahkföhrer]
Reisepaß	pass, -et, - [pass]
Richter/in	dommer, -en, -e ['dummer]
Scheck	sjekk, -en, -er [scheck]
~karte	kontobevis, -et, - ['kunntubewihs]
Taschendieb	lommetjuv, -en, -er ['lummechühw]
Überfall	overfall, -et, - ['ohwerfall]
Verbrechen	forbrytelse, -n, -r [for'brühtelse]
Vergewaltigung	voldtekt, -en, -er ['wollteckt]
verhaften	arrestere, -te, -t [are'sstehre]
verlieren	tape, -te, -t ['tahpe], miste, -et, -et/-a, -a ['misste]
zusammenschlagen	slå ned, slo, slått [schloh 'neh]

Wo ist …	Hvor er … [wurr ähr]
das nächste Postamt?	nærmeste postkontor? ['närrmesste 'postkuntuhr]
der nächste Briefkasten?	nærmeste postkasse? ['närrmesste 'postkasse]
Was kostet …	Hva koster … [wah 'kosster]
ein Brief …	et brev … [ett 'brehw]
eine Postkarte …	et postkort … [ett 'postkorrt]
… nach Deutschland?	… til Tyskland? [till 'tüssklann]
… nach Österreich?	… til Østerrike? [till 'össterihke]
… in die Schweiz?	… til Sveits? [till 'swäits]
Drei Briefmarken zu … Kronen, bitte.	Tre frimerker til … kroner, takk. [treh 'frihmärrker till … 'kruhner tack]
Diesen Brief bitte per …	Kan dere sende dette brevet … [kann dehre 'senne dette 'brehwe]
Luftpost.	med luftpost? [meh 'lüfftpost]
Expreß.	ekspress? [ex'press]
Wie lange braucht ein Brief nach Deutschland?	Hvor lang tid bruker et brev til Tyskland? [wurr lang tih 'brühker ett brehw till 'tüssklann]

Absender	avsender, -en, -e ['ahwssenner]
Adresse	adresse, -a/-en, -er [a'dresse]
ausfüllen	fylle ut, -te, -t [fülle 'üht]
Brief	brev, -et, - [brehw]
~kasten	postkasse, -a/-en, -er [postkasse]
~marke	frimerke, -et, -er ['frihmärrke]
~umschlag	konvolutt, -en, -er [konnwol'lütt]
Eilbrief	ekspressbrev, -et, - [ex'pressbrehw]
Empfänger	mottaker, -en, -e ['muhtahker]
Formular	blankett, -en, -er [blang'kett]
frankieren	frankere, -te, -t [frang'kehre]
Gebühr	gebyr, -et, -er [ge'bühr]
Gewicht	vekt, -a/-en [weckt]
Hauptpostamt	postterminal, -en, -er ['postärrminahl]
Leerung	tømming, -en, -er ['tömming]
Luftpost, mit	med luftpost [meh 'lüfftpost]
Paket	pakke, -a/-en, -er ['packe]
Porto	porto, -en, -er ['purrtu]
Post|amt	postkontor, -et, - ['postkuntuhr]
~karte	postkort, -et, - ['postkorrt]
~leitzahl	postnummer, -et, - ['postnummer]
Schalter	luke, -a/-en, -er ['lühke]
Vordruck	blankett, -en, -er [blang'kett]

TAXI — DROSJE ['drosche]

Wo ist der nächste Taxistand?	Hvor ligger nærmeste drosjeholdeplass? [wurr 'ligger 'närrmesste 'droschehollldeplass]
Zum Bahnhof.	Til jernbanestasjonen. [till 'järnbahnesstaschuhnen]
Zum ...-Hotel.	Til hotell ... [till hu'tell]
In die ...-Straße.	Til ...-gate/-vei. [till ... 'gahte/wäi]
Nach ..., bitte.	Til ... takk. [till ... tack]
Wieviel kostet es nach ...?	Hvor mye koster det til ...? [wurr 'müe 'kosster de till]
Halten Sie bitte hier.	Kan du stoppe her? [kann dü 'sstoppe 'hähr]
Das ist für Sie.	Det er til deg. [de ähr till 'däi]

Fahrpreis	billettpris, -en, -er [bil'lettprihs]
Taxi|fahrer/in	drosjesjåfør, -en, -er ['droscheschoföhr]
~stand	drosjeholdeplass, -en, -er ['droschehollldeplass]
Trinkgeld	drikkepenger *(pl)* ['drickepenger]

TELEFONIEREN — TELEFONERE [telleffu'nehre]

Ich möchte eine Telefonkarte.	Kan jeg få et telefonkort? [kann jäi foh ett telle'fuhnkorrt]
Wie ist die Vorwahl von ...?	Hva er retningsnummeret til ...? [wah ähr 'rettningsnummere till ...]

> Man braucht Vorwahlnummern nur, wenn man ins Ausland telefoniert. Innerhalb Norwegens gibt es keine Vorwahlnummern mehr. Es wird immer, auch im Ortsgespräch, die gesamte achtstellige Nummer gewählt.

Bitte ein Ferngespräch nach ...	En samtale til ..., takk. [en 'sammtahle till ... tack]
Ich möchte ein R-Gespräch anmelden.	Jeg ville gjerne ha en samtale med noteringsoverføring. [jäi wille 'jährne hah en 'sammtahle meh nu'tehringsohwerföhring]
Gehen Sie in Kabine Nr. ...	Vær vennlig å gå inn i boks nr. ... [währ 'wennli o goh inn i 'box nummer]
Hier spricht ...	Dette er ... [dette 'ähr]
Hallo, mit wem spreche ich?	Hallo, hvem snakker jeg med? [hal'lo wemm 'snacker jäi meh]

Kann ich bitte Herrn/Frau/Fräulein … sprechen?	Kan jeg få snakke med hr./fru …? [kann jäi fo 'snacke meh härr/früh]
Tut mir leid, er/sie ist nicht da.	Dessverre, han/hun er ikke her. [dess'wärre 'hann/'hünn ähr icke hähr]
Wann wird er/sie zurück sein?	Når er han/hun tilbake? [norr ähr hann/hünn till'bahke]
Würden Sie ihm/ihr bitte sagen, ich hätte angerufen?	Kunne du si til ham/henne at jeg har ringt? [künne düh 'sih till hamm/henne at jäi hah 'ringt]

abnehmen	ta telefonen, tok, tatt [tah telle'fuhnen]
Anruf	(telefon)samtale, -en, -er [(telleffuhn) 'sammtahle]
anrufen	ringe, -te, -t ['ringe]
Auskunft	nummeropplysning, -en, -er ['nummeropplüssning]
Auslandsgespräch	utenlandssamtale, -en, -er ['ühtenlannssammtahle]
besetzt	opptatt ['opptatt]
durchwählen	ringe direkte ['ringe 'dihrekte]
Ferngespräch	rikstelefon, -en, -er ['ricksstelleffuhn]
Gebühr	takst, -en, -er [taxt]
Gespräch	samtale, -en, -er ['sammtahle]
Hörer	telefonrør, -et, - [telle'fuhnröhr]
Münzfernsprecher	mynttelefon, -en, -er ['münntelleffuhn]
Ortsgespräch	lokalsamtale, -en, -er [lu'kahlsammtahle]
R-Gespräch	samtale med noteringsoverføring ['sammtahle me nu'tehringsohwerföhring]
Telefon	telefon, -en, -er [telle'fuhn]
~buch	telefonkatalog, -en, -er [telle'fuhnkatalohg]
~gespräch	telefonsamtale, -en, -er [telle'fuhnssammtahle]
~karte	telefonkort, -et, - [telle'fuhnkorrt]
~nummer	telefonnummer, -et, - [telle'fuhnummer]
~zelle	telefonkiosk, -en, -er [telle'fuhnchossk]
Verbindung	telefonforbindelse, -en, -er [telle'fuhnforbinnelse]
Vermittlung	telefonsentral, -en, -er [telle'fuhnssenntrahl]
Vorwahlnummer	retningsnummer, -et, - ['rettningsnummer]
wählen	slå (et nummer), slo, slått [schloh (ett 'nummer)]

ZOLL/ PASSKONTROLLE — TOLL [toll]/ PASSKONTROLL ['passkunntroll]

Ihren Paß, bitte!	Kan jeg få se passet (ditt), takk? [kann jäi fo seh 'passe (ditt) tack]
Haben Sie ein Visum?	Har du visum? [hahr dü 'wihssüm]
Haben Sie etwas zu verzollen?	Har du noe å fortolle? [hahr dü 'nue o for'tolle]
Nein, ich habe nur ein paar Geschenke.	Nei, jeg har bare et par gaver. [näi jäi hahr 'bahre ett pahr 'gahwer]
Fahren Sie bitte rechts/ links heran.	Vær vennlig å kjøre til høyre/venstre. [währ 'wennli o chöhre till 'höüre/'wennsstre]
Öffnen Sie bitte den Kofferraum/diesen Koffer.	Kan du åpne bagasjerommet/denne kofferten? [kann dü 'ohpne ba'gahscherumme/denne 'kufferten]
Muß ich das verzollen?	Må jeg fortolle det? [moh jäi for'tolle 'deh]

Ausfuhr	eksport, -en [ex'porrt]
Ausreise	utreise, -a/-en, -er ['ühträisse]
Einfuhr	import, -en [ip'porrt]
Einreise	innreise, -a-en, -er ['innräisse]
Familienname	etternavn, -et, - ['etternawwn]
Familienstand	sivilstand, -en [si'wihlsstann]
ledig	ugift ['üjifft]
verheiratet	gift [jifft]
verwitwet	enke ['enke], enkemann ['enkemann]
Führerschein	førerkort, -et, - ['föhrerkorrt]
Geburts|datum	fødselsdato, -en, -er ['föddselsdahtu]
~name	fødselsnavn, -et, - ['föddselsnawwn]
~ort	fødested, -et, -er ['föhdesstehd]
gültig	gyldig ['jülldi]
Nationalitätskennzeichen	nasjonalitetstegn, -et, - [naschunali'tehtsstäin]
Personalausweis	legitimasjonskort, -et, - [legitima'schuhnskorrt]
Reisepaß	pass, -et, - [pass]
Staatsangehörigkeit	nasjonalitet, -en, -er [naschunali'teht]
Tollwut	hundegalskap, -en ['hündegahlskap]
Visum	visum, -et, visa ['wihssüm]
Vorname	fornavn, -et, - ['fornawwn]
Wohnort	bosted, -et, -er ['buhsstehd]
Zoll	toll, -en [toll]
~frei	tollfri ['tollfrih]
~pflichtig	tollpliktig ['tollplickti]

Bloß nicht!

Diese Ausdrücke sollten Sie kennen, damit Sie wissen, wie Ihr Gesprächspartner Sie eventuell betitelt. Vorsicht: Für die Folgen eines unsachgemäßen Gebrauchs kann der Verlag nicht haftbar gemacht werden!

Idiot! [iddi'uht]	Idiot!
Di dumme ku! [di dumme 'küh]	Doofe Kuh!
Drittsekk! ['drittseck]	Drecksack!
For et rasshøl! [for ett 'rasshöhl]	So ein Arschloch!
Ditt rasshøl! [ditt 'rasshöhl]	Du Arschloch!
Tosk! [tossk]	Trottel!
Din djevel! [dinn 'jähwel]	Du Teufel!
Din Satan! [dinn 'sahtan]	Du Satan!
Du kan ikke väre riktig navla! [dü kann icke währe rickti 'nawwla]	Du tickst wohl nicht ganz richtig!
Fordømt! [for'dömmt], Forbannet! [for'bannet]	Verflixt!
Søren! ['söern], Fanden! ['faen]	Scheiße!
Dritt [dritt], Svineri! [swihne'ri]	Scheißdreck!
For noe svineri! [for nue swihne'rih]	So eine Sauerei!
Det gir jeg (blanke) blaffen i! ['deh jihr jäi (blannke) 'blaffen i]	Das ist mir scheißegal!
Kyss meg i ræva! [chüss mäi i 'räwwa]	Leck mich am Arsch!
Jeg blir kvalm av deg! [jäi blihr 'kwallm ahw däi]	Du kotzt mich an!
Hold kjeft! [holl chäfft]	Schnauze!, Halt's Maul!
Pigg av! [pigg 'ahw], Kom deg vekk! [komm däi 'weck], Forsvinn! [fo'schwinn]	Zieh Leine!
Snakk ikke dritt! [snack icke 'dritt]	Red doch keinen Scheiß!
Dra til helvete! [drah till 'hellwette]	Scher dich zum Teufel!
Sitte oppi det med begge beina [sitte 'oppi de me 'begge 'bäina]	In der Scheiße sitzen
Æsj! [äsch]	Pfui Teufel!

„Ich" und „Du"

Personalpronomen (Persönliche Fürwörter)

Die Personalpronomen haben neben der Subjektform, die dem deutschen Nominativ entspricht, eine Objektform, der im Deutschen die Dativ- und Akkusativformen entsprechen.

Hier werden neben den Bokmålsformen auch einige Nynorsk- und Dialektformen aufgeführt, die in vielen Gegenden Norwegens häufig zu hören sind, und deren Kenntnis das Verständnis des gesprochenen Norwegisch erleichtert.

jeg [jäi], eg* [ehg]	ich	meg [mäi], [mehg]*	mir, mich
du [düh]	du	deg [däi], [dehg]*	dir, dich
han [hann]	er	ham/han	ihm, ihn
hun [hünn], ho* [huh], hu° [hüh]	sie	henne ['henne], ho* [huh], hu° [hüh]	ihr, sie
den [denn]	er/sie	den [denn]	ihm, ihn/ ihr, sie
det [deh]	es	det [deh]	ihm, es
vi [wih], me*	wir	oss [oss]	uns
dere ['dehre], de*, dokk(er)°	ihr	dere ['dehre], dykk*, dokk(er)°	euch
de [dih], dei*, dem°, dom°	sie	dem [demm], dei*, di°, dom°	ihnen, Sie, sie

* = Nynorskform
° = verbreitete Dialektform, die aber in den beiden Schriftsprachen nicht zur Standardsprache gehört.

Als Anrede an eine Person wird heute praktisch nur noch *du* verwendet, als Höflichkeitsanrede kann wie im Deutschen die dritte Person Plural gebraucht werden:

De [dih]	Sie	Dem [demm]	Ihnen

Die 1333 wichtigsten Wörter

Die hinter der norwegischen Aussprache aufgeführten Zahlen verweisen auf die entsprechenden Seiten der themenbezogenen Kapitel.

A

ab fra (og med) [frah (o meh)]
abbestellen *(Zimmer-, Fahr-, Flugkarten)* avbestille ['ahwbesstille] ⟨-te, -t⟩
Abend kveld [kwell] ⟨-en, -er⟩, aften ['afften] ⟨-en, -er⟩; **am** ~ om kvelden [omm 'kwellen]
aber men [menn]
Abfahrt avgang ['ahwgang] ⟨-en, -er⟩ → 26, 76
Abflug avgang ['ahwgang] ⟨-en, -er⟩ → 24
ablaufen løpe ut [löhpe 'ütt] ⟨løp, løpt⟩, gå til ende [goh till 'ende] ⟨gikk, gått⟩
ablehnen nekte ['neckte] ⟨-et, -et/-a, -a⟩, avslå ['ahwschloh] ⟨-slo, -slått⟩
Abreise avreise ['ahwräisse] ⟨-a/-en, -er⟩ → 55
abreisen (nach) reise (til) ['räisse (till)] ⟨-te, -t⟩
Abschied avskjed ['ahwschehd] ⟨-en, -er⟩ → 11
abschleppen slepe bort [schlehpe 'burrt] ⟨-te, -t⟩ → 21
Absender avsender ['ahwssenner] ⟨-en, -e⟩ → 78
abwärts *adv* nedover ['nehdohwer]
Achtung respekt [re'sspekt] ⟨-en⟩; *(bei Gefahr)* Se opp! [seh 'opp] = pass på! [pass 'poh]
Adresse adresse [a'dresse] ⟨-a/-en, -er⟩ → 78
alle *(sämtliche)* alle ['alle]
allein alene [al'lehne]
alles alt [allt]
als *(zeitlich)* da [dah]; *(Vergleich)* enn [enn]
also altså ['altso], så[soh]
alt gammel ['gammel]
Alter alder ['alder] ⟨-en, aldre⟩ → 9
Amt *(Dienststelle)* kontor [kun'tuhr] ⟨-et, -⟩
an *(räumlich)* ved [we], på [poh]; *(zeitlich)* om [omm], på [poh]
anbieten tilby ['tillbüh] ⟨tilbød/tilbaud, tilbudt⟩
andere, der, die, das ~ andre ['anndre], **ein** ~ en annen [en 'aen]
ändern endre ['enndre] ⟨-et, -et/-a, -a⟩
anders ulik ['ühlihk], annerledes ['annerlehdes]
Anfang begynnelse [be'jünnelse] ⟨-en, -er⟩
Angst angst [angst] ⟨-en⟩
anhalten stoppe ['sstoppe] ⟨-et, -et/-a, -a⟩
ankommen (an)komme, (an)kom, (an)kommet [('ann)komme] → 24, 26
Ankunft ankomst ['annkommst] → 24, 26
Anmeldung innskriving ['innskrihwing] ⟨-en, -er⟩ → 55
Anreisetag ankomstdag ['annkommsstdahg] ⟨-en, -er⟩ → 53 ff.
Anruf (telefon)samtale [(telleffuhn) 'sammtahle] ⟨-en, -er⟩ → 79f.
anrufen ringe til ['ringe till] ⟨-te, -t⟩
Anschluß forbindelse [for'binnelse] ⟨-en, -er⟩ → 24, 26
Anschrift adresse [a'dresse] ⟨-a/-en, -er⟩
anstatt i stedet for [i 'sstehde for]
anstrengend anstrengende ['annsstrengende]
antworten svare ['swahre] ⟨-te, -t⟩
Apotheke apotek [apu'tehk] ⟨-et, -er⟩ → 42f.
Appetit appetitt [ape'titt] ⟨-en⟩
arbeiten arbeide [ar'bäide] ⟨-dde, -dd/-et, -et⟩
ärgern, s. ~ **über** ergre seg over ['ärrgre säi ohwer] ⟨-et, -et/-a, -a⟩
Arm arm [arrm] ⟨-en, -er⟩
Art slag [schlahg] ⟨-et, -⟩, sort [surrt] ⟨-en, -er⟩
Arzt lege ['lehge] ⟨-en, -er⟩ → 68ff.
auch også ['osso]; ~ **nicht** heller ikke ['heller icke]
auf *prp* på [poh]; *adv (offen)* åpen ['ohpen]
aufbrechen *(öffnen)* bryte opp [brühte 'opp] ⟨brøt/braut, brutt⟩ → 77
Aufenthalt opphold ['opphoII] ⟨-et, -⟩ → 26
aufgeben *(Gepäck)* levere inn [lewehre 'inn] ⟨-te, -t⟩; *(Post)* poste ['poste] ⟨-et, -et/-a, -a⟩ → 78
aufhören slutte ['schlütte] ⟨-et, -et/-a, -a⟩
aufpassen (auf) passe (på) ['passe (poh)] ⟨-et, -et/-a, -a⟩
aufstehen stå opp [ssto 'opp] ⟨sto, stått⟩
Augenblick øyeblikk ['öüeblick] ⟨-et, -⟩
aus *(Herkunft)* fra [frah]; *(Material)* av [ahw]
Ausfahrt utflukt ['ühtflückt] ⟨-en/-a, -er⟩; *(Autobahn)* avkjøring ['ahwchöhring] ⟨-en/-a, -er⟩
Ausflug utflukt ['ühtflückt] ⟨-en, -er⟩ → 29 f.
ausfüllen fylle ut [fülle 'üht] ⟨-te, -t⟩ → 78
Ausgang utgang ['ühtgang] ⟨-en, -er⟩
Auskunft opplysning ['opplüssning] ⟨-en, -er⟩, informasjon [innforma'schuhn] ⟨-en, -er⟩ → 17, 24, 26
Ausländer/in utlending ['ühtlenning] ⟨-en, -er⟩
außen *adv* utenfor, utenpå ['ühtenfor], ['ühtenpo]
außer utenom, unntatt ['ühtenomm], ['ünntatt]
außerdem dessuten ['dessühten]
Aussicht utsikt ['ühtsickt] ⟨-en, -er⟩ → 29
aussprechen uttale ['ühtahle] ⟨-te, -t⟩
aussteigen stige av, steg av, steget av [sstihge 'ahw], gå av, gikk av, gått av [go 'ahw] → 26

Ausweis *(Personal~)* identitetskort [identi'tehtskorrt] ⟨-et, -⟩, legitimasjonskort [legitima'schuhnskorrt] ⟨-et, -⟩, pass [pass] ⟨-et, -⟩
Auto bil [bihl] ⟨-en, -er⟩, ~ **fahren** kjøre bil [chöhre 'bihl] ⟨-te, -t⟩ → 17ff.
Autopapiere bilpapirer *(pl)* [bihlpa'pihrer] → 23, 77

B

Baby baby ['bäibi] ⟨-en, -er⟩ → 65
Bahnhof jernbanestasjon ['järnbahnesstaschuhn] ⟨-en, -er⟩ → 26
bald snart [snaht] → 14
Bank *(Geldinstitut)* bank [bank] ⟨-en, -er⟩ → 74f.
Bar bar [bahr] ⟨-en, -er⟩ → 59
Baum tre [treh] ⟨-et, trær⟩
beachten *(achtgeben)* legge merke til [legge 'märrke till] ⟨la, lagt⟩, *(berücksichtigen)* ta hensyn til [tah 'hennssühn till] ⟨tok, tatt⟩
Beanstandung klage ['klahge] ⟨-a/-en, -er⟩ → 32, 54
beantworten svare på ['swahre po] ⟨-te, -t⟩, besvare [be'sswahre] ⟨-te, -t⟩
bedeuten bety [be'tüh] ⟨-dde, -dd⟩
Bedienung betjening [be'tjehning] ⟨-en/-a⟩
beenden (av)slutte ['schlütte] ['ahwschlütte] ⟨-et, -et/-a, -a⟩
befinden, s. ~ befinne seg [be'finne säi] ⟨-fant, -funnet⟩
befreundet sein være venner [währe 'wenner] ⟨var, vært⟩
befürchten frykte ['frückte] ⟨-et, -et/-a, -a⟩
begegnen møte ⟨møtte, møtt⟩ ['möhte]
beginnen begynne [be'jünne] ⟨-te, -t⟩
begleiten følge ['fölle] ⟨fulgte, fulgt⟩, ledsage ['lehdsahge] ⟨-et, -et⟩
begrüßen hilse på ['hillse poh] ⟨-te, -t⟩ → 8
behalten beholde [be'holle] ⟨-t, -t⟩
Behörde myndighet ['münndiheht] ⟨-en, -er⟩
bei *(Sache, Ort)* ved [weh]; *(Person)* hos [huss]
beide begge ['begge]
Beileid medfølelse ['meh(d)föhlelse] ⟨-en⟩, kondolanse [kunndul'lannsse] ⟨-en⟩
Beispiel eksempel [ek'ssempel] ⟨-et, eksempler⟩; **zum** ~ for eksempel [for ek'ssempel]
beißen bite ['bihte] ⟨bet/beit, bitt⟩
beklagen, s. ~ **(über)** beklage seg over [be'klahge säi ohwer] ⟨-et, -et/-a, -a⟩
belästigen plage ['plahge] ⟨-et, -et/-a, -a⟩ → 77
beleidigen fornærme [for'närrme] ⟨-et, -et/-a, -a⟩, såre [sohre] ⟨-et, -et/-a, -a⟩
benachrichtigen underrette ['ünnerette] ⟨-et, -et/-a, -a⟩, informere [infor'mehre] ⟨-te, -t⟩
benötigen trenge ['trenge] ⟨-te, -t⟩
benutzen benytte [be'nütte] ⟨-et, -et/-a, -a⟩; *(Verkehrsmittel)* ta ⟨tok, tatt⟩ → 24 ff., 75 f.
Benzin bensin [ben'sihn] ⟨-en⟩ → 17
Berg fjell [fjell] ⟨-et, -⟩
Beruf yrke ['ürrke] ⟨-et, -er⟩
beruhigen berolige, -et, -et [be'ruhlige]
beschädigen skade ['skahde] ⟨-et, -et/-a, -a⟩
bescheinigen attestere [atte'sstehre] ⟨-te, -t⟩
beschlagnahmen beslaglegge [be'schlahglegge] ⟨-la, -lagt⟩ → 77
beschließen beslutte [be'schlütte] ⟨-et, -et/-a, -a⟩
beschweren, s. ~ **(über)** klage (over) ['klahge] ⟨-et, -et/-a, -a/-de, -d⟩,
besetzt *(Platz)* opptatt ['opptatt] → 27
besichtigen se på ['seh po] ⟨så, sett⟩, inspisere [innsspis'sehre] ⟨-te, -t⟩
Besichtigung besiktigelse [be'ssicktigelse] ⟨-en, -er⟩ → 29f.
besitzen eie ['äie] ⟨-de, -d⟩
Besitzer eier ['äier] ⟨-en, -e⟩
besorgen skaffe ['skaffe] ⟨-et, -et/-a, -a⟩
bestätigen bekrefte [be'kreffte] ⟨-et, -et/-a, -a⟩
Besteck bestikk [be'sstick] ⟨-et⟩ → 33
Bestellung bestilling [be'sstilling] ⟨-en, -er⟩ → 31ff.
bestimmt *adj* bestemt [be'sstemmt], *adv* sikkert ['sickert]
besuchen, jdn ~ besøke noen [bess'öhke nuen] ⟨-te, -t⟩ → 10
Betrag beløp [be'löhp] ⟨-et, -⟩ → 74
betreten gå inn i [goh 'inn i] ⟨gikk, gått⟩, tråkke på ['trocke po] ⟨-et, -et/-a, -a⟩
betrinken, s. ~ drikke seg full [dricke säi 'füll] ⟨drakk, drukket⟩
betrügen bedra [be'drah] ⟨-dro, -dratt⟩, lure ['lühre] ⟨-te, -t⟩
betrunken full [füll], beruset , [be'rühsset]
Bett seng [sseng] ⟨-a/-en, -er⟩ → 53 ff.
Bewohner innbygger ['innbügger] ⟨-en, -e⟩
bewußtlos bevisstløs [be'wisstlöhs] → 70
bezahlen betale [be'tahle] ⟨-te, -t⟩
Biene bie ['bie] ⟨-a/-en, -er⟩
Bild bilde ['billde] ⟨-et, -er⟩
billig billig ['billi]
bis (inn)til [('inn)till]; ~ **jetzt** hittil ['hittill]
bißchen, ein ~ litt [litt]
bitte vær så god ['wäscho'guh] → 7, 9; *(Antwort auf Dank)* ingen årsak [ingen 'ohschahk]; **wie** ~ unnskyld ['ünnschüll] → 10
Bitte bønn [bönn] ⟨-a/-en, -er⟩ → 9
bitten, jdn um etw ~ be noen om noe ['beh nuen omm nue] ⟨ba, bedt⟩
blau blå [bloh]
bleiben (for)bli [(for)blih] ⟨ble/blei, blitt⟩
Blitz lyn [lühn] ⟨-et, -⟩ → 16; *(Foto)* 45
Blume blomst [blommsst] ⟨-en, -er⟩
Blut blod [bluh] ⟨-et⟩ → 70
Boden jord [juhr] ⟨-a/-en⟩; *(Fuß~)* golv [gollw] ⟨-et, -⟩
Boot båt [boht] ⟨-en, -er⟩ → 62
böse ond [unn]; *(verärgert)* sint/sinna [ssinnt/'ssinna]
Botschaft *(dipl. Vertretung)* ambassade [ammbass'ahde] ⟨-en, -er⟩
Brand brann [brann] ⟨-en, -er⟩
brauchen trenge ['trenge] ⟨-te, -t⟩
brechen bryte ['brühte] ⟨brøt/braut, brutt⟩, brekke ['brecke] ⟨brakk, brukket⟩
breit brei/bred [bräi/brehd]
Bremse bremse ['bremse] ⟨-a/-en, -er⟩ → 18
brennen *verb tr* brenne ['brenne] ⟨-te, -t⟩
Brief brev [brehw] ⟨-et, -⟩ → 78
Brieftasche lommebok ['lummebuhk] ⟨-a/-en, -bøker⟩ → 77
Brille briller ['briller] ⟨pl⟩ → 51
bringen *(her ~)* bringe ['bringe] ⟨brakte, brakt⟩; *(weg ~)* ta bort [ta 'burrt] ⟨tok, tatt⟩
Bruder bror [bruhr] ⟨-en, brødre⟩
Buch bok [buhk] ⟨-a/-en, bøker⟩
buchstabieren stave ['sstahwe] ⟨-et, -et/-a, -a⟩
Bucht bukt [bückt] ⟨-a, -er⟩
Buchung bestilling, -en, -er [be'sstilling] → 24, 28
Büro kontor [kun'tuhr] ⟨-et, -⟩

C

Café kafé [ka'feh] ⟨-en, -er⟩
Camping camping ['kämping] ⟨-en⟩ → 57f.
Chef sjef [schehf] ⟨-en, -er⟩
Cousin/e fetter ['fetter] ⟨-en, -e⟩/kusine [kü'ssihne] ⟨-a/-en, -er⟩

D

da *(Ort)* der [dähr]; *(Grund)* fordi [for'dih]; *(Zeit)* da [dah]
dafür sein være for (det) [währe 'for] ⟨var, vært⟩
dagegen sein være mot (det) [währe 'muht] ⟨var, vært⟩
daheim hjemme ['jemme]
daher *(Grund)* derfor ['därrforr]
damals den gangen ['denn gangen]
Dame dame ['dahme] ⟨-en/-a, -er⟩
danach deretter ['dähretter]
danken takke ['tacke] ⟨-et, -et/-a, -a⟩ → 7ff.
dann da [dah], så [soh]
dasein være til stede [währe till 'sstehde] ⟨var, vært⟩
dasselbe det samme [de 'samme]
Datum dato ['dahtu] ⟨-en, -er⟩ → 14
Dauer varighet ['wahriheht] ⟨-en⟩
dauern vare ['wahre] ⟨-te, -t⟩
Decke *(Bett)* teppe ['teppe] ⟨-et, -er⟩
Defekt defekt [de'fekt] → 18, 21
dein(e) din [dinn]/ditt [ditt]/dine [dihne]
denken an tenke på ['tenke po] ⟨-te, -t⟩
denn for [for]
deshalb derfor ['därrforr]
Deutsche, der/die ~ tysker ['tüssker] ⟨-en, -e⟩
Deutschland Tyskland ['tüssklann]
dich deg [däi]
dick tjukk/tykk [chück/tück], hoven ['hohwen]
Diebstahl tjuveri [chühwe'rih] ⟨-et, -er⟩ → 76f.
diese(-r, -s) denne/dette/disse ['denne/'dette/'disse]
Ding ting [ting] ⟨-en, -⟩
dir deg [däi]
Direktor direktør [direk'töhr] ⟨-en, -er⟩
Diskothek diskotek [disssku'tehk] ⟨-et, -er⟩ → 59
Doktor doktor ['docktor] ⟨-en, -er⟩
doppelt dobbel ['dobbel]
Dorf landsby ['lannsbüh] ⟨-en, -er⟩
draußen *adv* ute ['ühte]
drin, drinnen inne ['inne]
dringend presserende [pre'ssehrende]
Drogerie fargehandel ['farrgehandel] ⟨-en, -dler⟩ → 44
du du [düh]
dumm dum [dumm]
dunkel mørk [mörrk]
dünn tynn [tünn]
durch *(quer)* gjennom ['jennom]; *(mittels)* ved hjelp av [we 'jelp ahw]
Durchgang gjennomgang ['jennomgang] ⟨-en, -er⟩
Durchreise gjennomreise ['jennomräisse] ⟨-a/-en, -er⟩
Durchreisevisum visum for gjennomreise [wihssüm for 'jennomräisse]
durchschnittlich gjennomsnittlig ['jennomsnittli]
dürfen få (lov til) [foh ('lohw till)] ⟨fikk, fått⟩
durstig tørst [töscht]

E

eben *(flach)* jevn [jewn]; *(zeitlich)* nettopp ['nettopp]
Ebene slette ['schlette] ⟨-a, -er⟩
echt ekte ['eckte]
Ecke hjørne ['jöhrne] ⟨-et, -er⟩
Ehe ekteskap ['eckteskahp] ⟨-et, -⟩
Ehefrau kone ['kuhne] ⟨-a, -er⟩, ['hüsstrüh]
Ehemann ektemann ['ecktemann] ⟨-en, -menn⟩
Ehepaar ektepar ['ecktepahr] ⟨-et, -⟩
Ei egg [egg] ⟨-et, -⟩ → 35, 48
Eigenschaft egenskap ['ehgenskahp] ⟨-en, -er⟩
Eigentümer eier ['äier] ⟨-en, -e⟩
eilig hastig ['hassti], rask [rassk]
ein(e) *art* en [en], ei [äi], et [ett]
Einfuhr import [im'porrt] ⟨-en⟩ → 81
Eingang inngang ['inngang] ⟨-en, -er⟩
einige noen ['nuen]
einigen, s. ~ bli enig [bli 'ehni] ⟨ble/blei, blitt⟩
einkaufen handle ['hannle] ⟨-et, -et/-a, -a⟩ → 41ff.
einladen invitere [innwi'tehre] ⟨-te, -t⟩
einmal en gang [en gang]
einreisen reise inn [räisse 'inn] ⟨-te, -t⟩
eins én [ehn], ett [ett]
einsam ensom ['ehnssomm]
eintreten gå inn [goh 'inn] ⟨gikk, gått⟩
Eintrittskarte inngangsbillett, -en, -er ['inngangsbillett] → 60, 62
Einwohner innbygger ['innbügger] ⟨-en, -e⟩
Eisenbahn jernbane ['jährnbahne] ⟨-en/a, -er⟩ → 26f.
Elektrohandlung elektrisk forretning [e'lektrissk for'rettning], elektriske artikler [e'lektrisske ar'tickler] → 45
Eltern foreldre [for'eldre] ⟨pl⟩
Empfang *(Erhalt)* mottakelse ['muttahkelse] ⟨-en, -er⟩; *(Hotel)* resepsjon [ressep'schuhn] ⟨-en, -er⟩ → 53
Empfänger mottaker ['muhtahker] ⟨-en, -e⟩ 78
empfehlen anbefale ['annbeffahle] ⟨-te, -t⟩
enden slutte ['schlütte] ⟨-et, -et/-a, -a⟩
endgültig definitiv [de'fihnittiw]
endlich endelig ['endeli]
englisch engelsk ['engelsk]
Enkel/in barnebarn ['bahrnebahrn] ⟨-et, -⟩
entdecken oppdage ['oppdahge] ⟨-et, -et/-a, -a⟩
entfernt *adv* fjernt [fjährnt]
entgegengesetzt motsatt ['muhtsatt]
entlang langs [langs]
entscheiden avgjøre ['ahwjöhre] ⟨-gjorde, -gjort⟩
entschließen, s. ~ beslutte seg til [be'schlütte ssäi till] ⟨-et, -et/-a, -a⟩
Entschluß beslutning [be'schlüttning] ⟨-en, -er⟩
entschuldigen unnskylde ['ünnschülle] ⟨-te, -t⟩; ~ **Sie bitte!** Unnskyld! ['ünnschüll]; **s.** ~ unnskylde seg ['ünnschülle säi] → 9
Entschuldigung unnskyldning ['ünnschüllning] ⟨-en, -er⟩ → 9
enttäuscht skuffet ['sküffet]
entweder ... oder enten ... eller ['enten ... 'eller
entwickeln *(Film)* framkalle ['frammkalle] ⟨-kalte, -kalt⟩
er han [hann]
Erde jord [juhr] ⟨-a, -en⟩
Erdgeschoß første etasje ['föschte e'tahsche]
ereignen, s. ~ skje [scheh] ⟨-dde, -dd⟩

Ereignis hendelse ['henndelse] ⟨-en, -er⟩
erfahren *(verb)* (1) erfare [är'fahre] ⟨-te, -t⟩, få vite [fo 'wihte] ⟨fikk, fått⟩
erfahren *(adj)* (2) erfaren [är'fahren]
erfreut (über) glad (for) ['glah (forr)]
Ergebnis resultat [ressül'taht] ⟨-et, -⟩ → 62
erhalten få [foh] ⟨fikk, fått⟩
erhältlich, ist ~ som er å få [somm ähr o 'foh]
erholen, s. ~ komme til krefter [komme till 'kreffter] ⟨kom, kommet⟩, bli frisk [blih 'frissk] ⟨ble/blei, blitt⟩
erinnern, jdn an etw ~ minne en om noe ['minne ehn omm nue] ⟨-te, -t⟩; **s. ~** huske ['hüsske] ⟨-et, -et/-a, -a⟩
erkennen erkjenne [är'chenne] ⟨-te, -t⟩, kjenne igjen [chenne i'jenn] ⟨-te, -t⟩
erklären *(angeben)* erklære [är'klähre] ⟨-te, -t⟩; *(deutlich machen)* forklare [for'klahre] ⟨-te, -t⟩
erkundigen, s. ~ forhøre seg [for'höhre säi] ⟨-te, -t⟩
erlauben tillate ['tillahte] ⟨-lot, -latt⟩
Erlaubnis tillatelse ['tillahtelse] ⟨-en, -er⟩
erledigen gjøre ferdig [jöhre 'fährdi] ⟨gjorde, gjort⟩, ordne ['orrdne] ⟨-et, -et/-a, -a⟩
Ermäßigung rabatt [ra'batt] ⟨-en, -er⟩ → 27
ernst alvorlig [all'wohrli]
erreichen nå [noh] ⟨-dde, -dd⟩
Ersatz *(Schaden~)* erstatning [ä'schtattning] ⟨-en, -er⟩
erschöpft utkjørt ['ühtchöhrt]
erschrecken skremme ['skremme] ⟨-te, -t⟩; *(erschrocken sein)* være redd [währe 'redd] ⟨var, vært⟩
ersetzen erstatte [ä'schtatte] ⟨-et, -et/-a, -a⟩
erst først [föscht]
Erwachsene(r) voksen/voksne ['wocksen/ 'wocksne] ⟨pl⟩
erzählen fortelle [for'telle] ⟨-talte, -talt⟩
Erziehung oppdragelse ['oppdrahgelse] ⟨-en⟩
es gibt det fins [de 'finns] ⟨fantes⟩, det er [de 'ähr] ⟨var, vært⟩
eßbar spiselig ['sspihsseli]
Essen *(Nahrung)* mat [maht] ⟨-en⟩; *(Mahlzeit)* måltid ['mohltihd] ⟨-et, -er⟩ → 31ff., 47
etwa omkring [omm'kring], cirka ['sirrka]
etwas noe ['nue]
euch dere ['dehre]
euer, eure deres ['dehres]
Europa Europa [äü'ruhpa]
Europäer/in europeer [äüru'peer] ⟨-en, -e⟩

F

Fabrik fabrikk [fa'brick] ⟨-en, -er⟩
fahren kjøre ['chöhre] ⟨-te, -t⟩
Fahrkarte billett [bil'lett] ⟨-en, -er⟩ → 26, 75f.
Fahrplan ruteplan [rühteplahn] ⟨-en, -er⟩ → 27
Fahrrad sykkel ['ssückel] ⟨-en, sykler⟩ → 17ff.
Fahrstuhl heis [häiss] ⟨-en, -er⟩
Fahrt reise ['räisse] ⟨-a/-en, -er⟩, tur [tühr] ⟨-en, -er⟩
fallen falle ['falle] ⟨falt, falt⟩
falsch feil [fäil]; *(betrügerisch)* falsk [fallsk]
Familie familie [fa'mihlie] ⟨-en, -er⟩
Familienname etternavn ['etternawwn] ⟨-et, -⟩ → 81
Farbe farge ['farrge] ⟨-en, -er⟩
faul lat [laht]; *(Obst)* råtten [rottenn]
fehlen mangle ['mangle] ⟨-et, -et/-a, -a⟩
Fehler feil [fäil] ⟨-en, -⟩
Feiertag helligdag ['hellidahg] ⟨-en, -er⟩ → 15
Feld mark [marrk] ⟨-a/-en, -er⟩
Fels klippe ['klippe] ⟨-en, -er⟩
Ferien ferie ['fehrie] ⟨-en, -er⟩
Ferienhaus feriehus ['fehriehühs] ⟨-et, -⟩, hytte, ['hütte] ⟨-a/-en, -er⟩ → 56f.
Ferngespräch rikstelefon ['ricksstelleffuhn] ⟨-en, -er⟩ → 79f.
fertig ferdig ['fährdi]
fest fast [fasst]
Festland fastland ['fastlann] ⟨-et, -⟩
fett feit/fet [fäit/feht]
feucht fuktig [fückti]
Feuer ild [ill] ⟨-en⟩, bål [bohl] ⟨-et, -⟩
Feuerlöscher brannslokker ['brannschlocker] ⟨-en, -e⟩
Feuermelder brannalarm ['brannalarm] ⟨-en, -er⟩
Feuerwehr brannvesen ['brannwehssen] ⟨-et⟩
Film film [fillm] ⟨-en, -er⟩ → 45, 60
finden finne ['finne] ⟨fant, funnet⟩
Firma firma ['firrma] ⟨-et, -er⟩
Fisch fisk [fissk] ⟨-en, -er⟩ → 36f., 48
Fischgeschäft fiskehandel ['fisskehandel] ⟨-en, -dler⟩
Flasche flaske ['flasske] ⟨-a/-en, -er⟩
Fleisch kjøtt [chött] ⟨-et⟩ → 37f., 48
Fliege flue ['flue] ⟨-a/-en, -er⟩
fliegen fly(ge) [flüh('flühge)] ⟨fløy/flaug, fløyet/ flydd⟩
fließen flyte ['flühte] ⟨fløt/flaut, flytt⟩
Flirt flørt [flöhrt] ⟨-en, -er⟩ → 10f.
Flug flyreise ['flühräisse] ⟨-a/-en, -er⟩ → 24f.
Flughafen flyplass ['flühplass] ⟨-en, -er⟩ → 24f.
Flugzeug fly [flüh] ⟨-et, -⟩ → 24f.
Fluß elv [ellw] ⟨-a/-en, -er⟩
folgen følge ['fölle] ⟨fulgte, fulgt⟩
fordern kreve ['krehwe] ⟨-de, -d⟩
Formular formular [formü'lahr] ⟨-en, -er⟩ → 74, 78
fort vekk [weck]
fortsetzen fortsette ['forrtssette] ⟨-satte, -satt⟩
Foto foto ['fuhtu] ⟨-et, -⟩, fotografi [futugra'fih] ⟨-et, -er⟩ → 45
Fotoartikel fotoartikler ['fuhtuarrtickler] → 45
fotografieren fotografere [futugra'fehre] ⟨-te, -t⟩
Frage spørsmål ['sspöschmohl] ⟨-et, -⟩
fragen spørre ['sspörre] ⟨spurte, spurt⟩
frankieren frankere [frang'kehre] ⟨-te, -t⟩ → 78
französisch fransk [frannsk]
Frau kvinne ['kwinne] ⟨-a/-en, -er⟩; *(Anrede, vor Namen)* fru [früh]; *(Ehe~)* kone ['kuhne] ⟨-a, -er⟩
Fräulein frøken ['fröhken] ⟨-en/frøkna, frøkner⟩
frei fri [frih]; *(unbesetzt)* ledig ['lehdi]; *(gratis)* gratis ['grahtiss]; **im Freien** i det fri [i de 'frih]
fremd fremmed ['fremmed]
Fremde, der, die ~ den fremmede [denn 'fremmede]
Fremdenführer guide [gaid] ⟨-en, -er⟩ → 30
Freude glede ['glehde] ⟨-a/-en, -er⟩
freuen, s. ~ auf/über glede seg til/over ['glehde säi till/ohwer] ⟨-et, -et/-a, -a⟩
Freund/in venn [wenn] ⟨-en, -er⟩/venninne [wen'ninne] ⟨-a/-en, -er⟩
freundlich vennlig ['wennli]
Freundlichkeit vennlighet ['wennliheht] ⟨-en⟩
Friede fred [freh(d)] ⟨-en⟩
frieren fryse ['frühsse] ⟨frøs/fraus, frosset⟩

frisch frisk [frissk]; *(neu)* fersk [fäschk], ny[nüh]; *(Wäsche)* rein [räin]
Friseur frisør [fris'söhr] ⟨-en, -er⟩ → 46
froh glad [glah]
früh tidlig ['tihdli]
Frühstück frokost ['fruhkosst] ⟨-en, -er⟩ → 35, 54
fühlen føle ['föhle] ⟨-te, -t⟩
Führer *(für Fremde)* guide [gaid] ⟨-en, -er⟩
Führerschein førerkort ['föhrerkorrt] ⟨-et, -⟩ → 21, 81
Führung omvisning ['ommwihsning] ⟨-en, -er⟩ → 29
Fundbüro hittegodskontor ['hitteguddskuntuhr] ⟨-et, -⟩ → 75
funktionieren fungere [fün'gehre] ⟨-te, -t⟩
für for [for], til [till]
fürchten frykte ['frückte] ⟨-et, -et/-a, -a⟩
fürchterlich fryktelig ['frückteli]

G

Gabel gaffel ['gaffel] ⟨-en, gafler⟩
Gang *(Auto)* gir [gihr] ⟨-et, -⟩ → 22; *(Durchgang)* gjennomgang ['jennomgang] ⟨-en⟩; *(Essen)* rett [rett] ⟨-en, -er⟩ → 31 ff.; *(Flur)* gang [gang] ⟨-en, -er⟩
ganz *adj* hel [hehl], *adv* helt [hehlt]
Garage garasje [ga'rahsche] ⟨-en, -er⟩
Garantie garanti [garan'tih] ⟨-en, -er⟩
Garten hage ['hahge] ⟨-en, -er⟩
Gast gjest [jesst] ⟨-en, -er⟩
Gastgeber/in vert [wärrt] ⟨-en, -er⟩/vertinne [wät'inne] ⟨-a/-en, -er⟩
Gasthaus, Gasthof hotell [hu'tell] ⟨-et, -er⟩, gjestgiveri
Gebäude bygning ['büngning] ⟨-en, -er⟩ → 30
geben gi [jih] ⟨ga, gitt⟩
Gebet bønn [bönn] ⟨-a/-en, -er⟩
Gebirge fjell *(pl)* [fjell] → 30
geboren født [fött]
Gebühr gebyr [ge'bühr] ⟨-et, -er⟩ → 78; takst [taxt] ⟨-en, -er⟩ → 80
Geburt fødsel ['föttsel] ⟨-en, fødsler⟩
Geburtstag fødselsdag ['föttselsdahg] ⟨-en, -er⟩
Geburtsdatum fødselsdato ['föttselsdahtu] ⟨-en, -er⟩ → 81
Geburtsname fødselsnavn ['föttselsnawwn] ⟨-et, -⟩ → 81
Geburtsort fødested ['föhdesstehd] ⟨-et, -er⟩ → 81
Gedanke tanke ['tanke] ⟨-en, -er⟩
gefährlich farlig ['fahrli]
Gefallen tjeneste ['tjehnesste] ⟨-en, -er⟩; **jdm einen ~ tun** gjøre en en tjeneste ['jöhre ehn en 'tjehnesste] ⟨gjorde, gjort⟩
Gefängnis fengsel ['fengsel] ⟨-et, -⟩ → 77
Gefühl følelse ['föhlelse] ⟨-en, -er⟩
gegen *(wider; in Richtung auf)* mot [muht]; *(zeitlich)* bortimot ['burrtimuht]
Gegend område ['ommrohde] ⟨-et, -er⟩
Gegenstand *(Ding)* gjenstand ['jennsstann] ⟨-en, -er⟩, ting [ting] ⟨-en, -⟩, *(Gesprächs~)* emne ['emmne] ⟨-et, -er⟩
Gegenteil motsetning ['muhtsettning] ⟨-en, -er⟩
geheim hemmelig ['hemmeli]
gehen gå [goh] ⟨gikk, gått⟩
gehören tilhøre ['tillhöhre] ⟨-te, -t⟩
Geistlicher prest [presst] ⟨-en, -er⟩
gelb gul [gühl]
Geld penger ['penger] ⟨pl⟩ → 74
Geldbörse pengepung ['pengepung] ⟨-en, -er⟩
Geldstück mynt [münnt] ⟨-en, -er⟩
Geldwechsel veksling ['weckschling] ⟨-en⟩ → 74f.
Gelegenheit anledning [ann'lehdning] ⟨-en, -er⟩
gemeinsam felles ['felless]
gemischt blandet ['blannet]
genau nøyaktig [nöü'ackti], presis [pres'sihs]
genießen nyte ['nühte] ⟨nøt/naut, nytt⟩
genug nok [nock]
geöffnet åpnet ['ohpnet]
Gepäck bagasje [ba'gahsche] ⟨-en⟩ → 24
geradeaus rett fram ['rett 'framm]
Gericht *(Essen, Justiz)* rett [rett] ⟨-en, -er⟩ → *(Essen)* 35 ff.; *(Recht)* 77
gern gjerne ['jährne]
Geruch lukt [lückt] ⟨-a/-en, -er⟩
Geschäft forretning [for'rettning] ⟨-a/-en, -er⟩ → 41f.
geschehen hende ['henne] ⟨-te, -t⟩, skje [scheh] ⟨-dde, -dd⟩; **was ist ~?** hva har hendt? ['wah hahr 'hennt]
Geschenk gave ['gahwe] ⟨-a/-en, -er⟩
Geschichte historie [his'tuhrie] ⟨-a/-en, -er⟩
geschlossen stengt [sstengt]
Geschmack smak [ssmahk] ⟨-en, -er⟩
Geschwindigkeit fart [farrt] ⟨-en⟩
Gesellschaft *(Party)* selskap ['ssellskahp] ⟨-et, -⟩; *(Staat)* samfunn ['ssammfünn] ⟨-et, -⟩
Gespräch samtale ['ssammtahle] ⟨-en, -er⟩
gesund frisk [frissk]
Gesundheit helse ['helse] ⟨-a/-en⟩
Getränk drikk [dricke] ⟨-en, -er⟩ → 40f., 48
getrennt skilt [schillt], separert [ssepa'rehrt]
Gewicht vekt [weckt] ⟨-a/-en, -er⟩
gewinnen vinne ['winne] ⟨vant, vunnet⟩ → 63
gewiß *adv* sikkert ['ssickert], *adj* sikker ['ssicker]
Gewitter tordenvær ['turrdenwähr] ⟨-et, -⟩ → 16
gibt, es ~ det er [de ähr] ⟨var, vært⟩, det fins/finnes [de finnss/finnes] ⟨fantes/fans, funnes⟩
Gift gift [jifft] ⟨-a/-en, -er⟩
Gipfel topp [topp] ⟨-en, -er⟩
Gitarre gitar [gi'tahr] ⟨-en, -er⟩
Glas glass [glass] ⟨-et, -⟩ → 33
Glaube tro [truh] ⟨-en, -er⟩/tru [trüh] ⟨-a, -er⟩
glauben tro/tru [truh], [trüh] ⟨-dde, -dd⟩
gleich (1) lik [lihk]; **(2)** *(sofort)* straks [sstracks]
Glück lykke ['lücke] ⟨-en/-a, -er⟩
glücklich lykkelig ['lückeli]
Glückwunsch lykkeønskning ['lückönnskning] ⟨-en, -er⟩ → 12
Gott gud [gühd] ⟨-en, -er⟩
Gottesdienst gudstjeneste ['güddsstjehnesste] ⟨-en, -er⟩ → 30
Grab grav [grahw] ⟨-a/-en, -er⟩
Grad grad [grahd] ⟨-en, -er⟩
gratulieren gratulere [gratül'lehre] ⟨-te, -t⟩
grau grå [groh]
Grenze grense ['grennsse] ⟨-a/-en, -er⟩ → 81
groß stor [sstuhr]
Größe *(Ausdehnung)* omfang ['ommfang] ⟨-et⟩; *(Kleidung, Schuhe)* størrelse ['sstörrelse] ⟨-en, -er⟩
Großmutter bestemor ['besstemuhr] ⟨-a/-en, -mødre⟩
Großvater bestefar ['besstefahr] ⟨-en, -fedre⟩
grün grønn [grönn]
Grund grunn [grünn] ⟨-en, -er⟩, årsak ['ohschahk] ⟨-en/-a, -er⟩

Gruppe gruppe ['grüppe] 〈-a/-en, -er〉
grüßen hilse ['hillse] 〈-te, -t〉
gültig gyldig ['jülldi] → 81
gut god [guh], bra [brah]

H

Haar hår [hohr] 〈-et〉 → 46
haben ha [hah] 〈hadde, hatt〉
Hafen havn [hawwn] 〈-a/-en, -er〉 → 27f.
halb halv [hall]
hallo hallo [hal'luh]
halt! stopp! [sstopp]
halten *(fest~)* holde ['holle] 〈-t, -t〉; *(dauern)* vare ['wahre] 〈-te, -t〉; *(stehenbleiben)* stoppe ['sstoppe] 〈-et, -et/-a, -a〉
Haltestelle stoppested ['sstoppesstehd] 〈-et, -er〉, holdeplass ['holleplass] 〈-en, -er〉 → 75f.
hart hard [hahr]
häßlich stygg [sstügg]
häufig ofte ['offte], hyppig ['hüppi]
Haus hus [hühs] 〈-et, -〉
Hausbesitzer huseier ['hühssäier] 〈-en, -e〉 → 57
hausgemacht hjemmelaget ['jemmelahget] → 33
Haushaltswaren husholdningsvarer [hühss'hollningswahrer] → 47
heilig hellig ['helli]
Heimat hjemsted ['jemmssteh(d)] 〈-et, -er〉
heimlich hemmelig ['hemmeli]
Heimreise hjemreise ['jemmräisse] 〈-a/-en, -er〉
heiraten gifte seg ['jiffte säi] 〈-et, -et/-a, -a〉
heiß varm [warrm], het [heht] → 16, 33
heißen hete ['hehte] 〈het/hette, hett〉
heiter *(Wetter)* klar [klahr] → 16
Heizung varme ['warrme] 〈-en〉 → 22
helfen, jdm ~ hjelpe noen ['jelpe nuen] 〈hjalp, hjulpet〉
hell lys [lühs]
herein! kom inn! [komm 'inn]
hereinkommen komme inn [komme 'inn] 〈kom, kommet〉
Herr herre ['härre] 〈-en, -er〉
heute i dag [i 'dahg] → 14
hier her [hähr]
Hilfe (*auch* Erste ~) hjelp [jelp] 〈-a/-en〉; førstehjelp ['föschtejelp] 〈-a/-en〉
Himmel himmel ['himmel] 〈-en, himler〉
hinlegen legge bort [legge 'burrt] 〈la, lagt〉
hinsetzen, s. ~ sette seg ['sette säi] 〈satte, satt〉
hinter bak [bahk]
Hobby hobby ['hobbü] 〈-en, -er〉
hoch høy/høg [höü]
Hochzeit *(Feier)* bryllup ['brüllüp] 〈-et, -〉
hoffen håpe ['hohpe] 〈-et, -et/-a, -a〉
höflich høflig ['höffli]
Höhe høyde ['höüde] 〈-en, -er〉
Höhepunkt høydepunkt ['höüdepungt] 〈-et, -〉
Holz tre [treh] 〈-et〉; *(Brenn~)* ved [weh] 〈-en〉
Honorar honorar [hunur'rahr] 〈-et, -〉
hören høre ['höhre], ['höhre po] 〈-te, -t〉
Hotel hotell [hu'tell] 〈-et, -〉 → 53ff.
hübsch pen [pehn]
Hügel bakke ['backe] 〈-en, -er〉
Hund hund [hünn] 〈-en, -er〉
Hunger sult [süllt] 〈-en〉
hungrig sulten ['süllten]
Hütte hytte ['hütte] 〈-a, -er〉

I

ich *prn* jeg [jäi]
Idee idé [i'deh] 〈-en, -er〉
ihr *(pers prn; poss prn f)* *Pers prn nom pl*: dere ['dehre]; *dat sg*: henne ['henne]; *poss prn*: hennes ['hennes], *pl*: deres ['dehres], *(Subjektbezogen)* sin [sinn]
Imbiß lett måltid [lett 'mohltihd] 〈-et, -er〉, matbit ['mahtbiht] 〈-en, -er〉
immer alltid ['allti(d)]
imstande sein være i stand (til) [währe i 'sstann (till)]
in i [ih]
inbegriffen medregnet ['meh(d)räinet]
informieren informere [innfor'mehre] 〈-te, -t〉
Inhalt innhold ['innholl] 〈-et〉
innen innenfor ['innenfor]
Innenstadt sentrum ['senntrüm] 〈-et, sentra〉
innerhalb *(zeitlich)* innen ['innen] → 14
Insekt insekt ['insekt] 〈-et, -er〉
Insel øy [öü] 〈-a, -er〉
interessieren, s. ~ **(für)** interessere seg for [interes'sehre säi for] 〈-te, -t〉
international internasjonal ['internaschunahl]
irren, s. ~ ta feil [tah 'fäil] 〈tok, tatt〉
Irrtum feiltagelse ['fäilfahgelse] 〈-en, -er〉

J

Jahr år [ohr] 〈-et, -〉
Jahreszeit årstid ['ohschtih] 〈-a/-en, -er〉 → 15
jede(-r, -s) *adj:* hver [währ]; *prn:* enhver [enn'währ]
jedesmal hver gang ['währ 'gang]
jemand noen ['nuen]
jetzt nå [noh] → 14
Jugendherberge ungdomsherberge ['ungdummsshährberrge] 〈-et , -er〉, vandrerhjem ['wanndrerjemm] 〈-met, -〉 → 58
jung ung [ung]
Junge gutt [gütt] 〈-en, -er〉
Junggeselle ungkar ['ungkahr] 〈-en, -er〉

K

Kabine lugar [lü'gahr] 〈-en, -er〉 → 28; **(Umkleide~)** avlukke ['ahwlucke] 〈-et, -er〉, omkledningsrom ['ommklehdningsrumm] 〈-met, -〉 → 66
Kaffee kaffe ['kaffe] 〈-en〉 → 35, 40
kalt kald [kall] → 16, 33
Kanal kanal [ka'nahl] 〈-en, -er〉
Kapelle *(Gebäude* → 30, Musik~ → 59) kapell [ka'pell] 〈-et, -〉
kaputt i stykker [i 'sstücker]
Kasse kasse ['kasse] 〈-a/-en, -er〉 → 60, 63
Katze katt [katt] 〈-en, -er〉
Kauf kjøp [chöhp] 〈-et, -〉
kaufen kjøpe ['chöhpe] 〈-te, -t〉
Kaution kausjon [käü'schuhn] 〈-en, -er〉
kein ingen ['ingen]
keine(-r, -s) ingen ['ingen], ikke noe(n) ['icke nue(n)]
keinesfalls på ingen måte [po 'ingen 'mohte]
Kellner/in kelner ['kellner] 〈-en, -e〉
kennen kjenne ['chenne] 〈-te, -t〉

kennenlernen lære å kjenne ['lähre o 'chenne] ⟨-te, -t⟩ → 8ff.
Kind barn [bahrn] ⟨-et, -⟩
Kino kino ['chihnu] ⟨-en, -er⟩ → 60
Kirche kirke ['chirrke] ⟨-en, -er⟩ → 30
Kissen pute ['pühte] ⟨-a/-en, -er⟩
Kleidung påkledning ['pohklehdning] ⟨-en, -er⟩ → 49f.
klein liten ['lihten]
Kleingeld småpenger *(pl)* ['smohpenger] → 74
Klima klima ['klihma] ⟨-et⟩ → 16
Klingel ringeklokke ['ringeklocke] ⟨-a/-en, -er⟩ → 22
klingeln ringe ['ringe] ⟨-te, -t⟩
klug klok [kluhk]
Kneipe vertshus ['werrtsshühs] ⟨-et, -⟩, kro [kruh] ⟨-en, -er⟩, kafé [ka'feh] ⟨-en, -er⟩ → 59
knipsen knipse ['knippsse] ⟨-et, -et/-a, -a⟩ → 45
kochen lage mat [lahge 'maht] ⟨-et, -et/-a, -a⟩; *(Wasser)* koke ['kuhke] ⟨-te, -t⟩
Koffer koffert ['kuffert] ⟨-en, -er⟩
Kohle kull [küll] ⟨-et⟩
kommen komme ['komme] ⟨kom, kommet⟩
Kompaß kompass [kum'pass] ⟨-et, -⟩
Kondom kondom [kun'duhm] ⟨-et, -⟩
Konfession trosbekjennelse ['truhsbechennelse] ⟨-en, -er⟩
können kunne ['künne] ⟨kunne, kunnet⟩
Konsulat konsulat [kunnssü'laht] ⟨-et, -er⟩
Kontakt kontakt [kun'tackt] ⟨-en, -er⟩
kontrollieren kontrollere [kuntru'lehre] ⟨-te, -t⟩
Konzert konsert [kun'särrt] ⟨-en, -er⟩ → 60
Körper kropp [kropp] ⟨-en, -er⟩ → 70ff.
kosten koste ['kosste] ⟨-et, -et/-a, -a⟩
krank sjuk/syk [schühk/ssühk] → 68ff.
Krankenhaus sjukehus ['schühkehühs] ⟨-et, -⟩ → 69
Krankenwagen sjukebil ['schühkebihl] ⟨-en, -er⟩, ambulanse [ammbü'lannsse] ⟨-en, -er⟩
Krankheit sjukdom [schühkdumm] ⟨-men, -mer⟩ → 68ff.
Kreditkarte kredittkort [kre'dittkorrt] ⟨-et, -⟩ → 41, 74
Krieg krig [krihg] ⟨-en, -er⟩
kritisieren kritisere [kritis'sehre] ⟨-te, -t⟩
Küche kjøkken ['chöcken] ⟨-et, -⟩
kühl kjølig ['chöhli]
Kultur kultur [kül'tühr] ⟨-en, -er⟩ → 29f.
Kummer sorg [sorrg] ⟨-a/-en, -er⟩
kümmern, s. ~ um ta seg av [tah säi 'ahw] ⟨tok, tatt⟩
Kurs *(Unterricht)* kurs [kühsch] ⟨-et, -⟩; *(Wechsel~, Richtung)* kurs ⟨-en, -er⟩ → 74
Kurve sving [swing] ⟨-en, -er⟩ → 22
kurz kort [korrt]
kürzlich nylig ['nühli], nyss [nüss] → 14
Kuß kyss [chüss] ⟨-et, -⟩
küssen kysse ['chüsse] ⟨-et, -et/-a, -a⟩
Küste kyst [chüsst] ⟨-en, -er⟩ → 28

L

lachen le [leh] ⟨lo, ledd⟩
Laden butikk [bü'tick] ⟨-en, -er⟩, forretning [for'rettning] ⟨-a/-en, -er⟩
Lage situasjon [sitüa'schuhn] ⟨-en, -er⟩; *(eines Ortes)* beliggenhet [be'liggenheht] ⟨-en, -er⟩
Land land [lann] ⟨-et, -⟩
Landkarte kart [karrt] ⟨-et, -⟩ → 52
Landschaft landskap ['lannskap] ⟨-et, -⟩ → 30
lang lang [lang]
Länge lengde ['lengde] ⟨-en/-a, -er⟩
langsam langsom ['langsom]
langweilig kjedelig ['chehdeli]
Lärm bråk [brohk] ⟨-et⟩
lassen la [lah] ⟨lot, latt⟩; *(zulassen)* tillate ['tillahte] ⟨-lot, -latt⟩
lästig plagsom ['plahgsomm]
Lastwagen lastebil ['lasstebihl] ⟨-en, -er⟩
laufen løpe ['löhpe] ⟨løp, løpt⟩
laut høy/høg [höü]
Lautsprecher høyttaler ['höüttahler] ⟨-en, -e⟩
Leben liv [lihw] ⟨-et, -⟩
Lebensmittel dagligvarer ['dahgliwahrer] ⟨pl⟩ → 31ff., 47f.
ledig ugift ['üjifft] → 81
leer tom [tumm]
legen legge ['legge] ⟨la, lagt⟩
leicht lett [lett]
leider dessverre [dess'wärre]
leihen låne ['lohne] ⟨-te, -t⟩ → 58; *(verleihen)* låne ut [lohne 'üht] ⟨-te, -t⟩; *(entleihen)* låne av ['lohne ahw] ⟨-te, -t⟩ → 58, 62
leise stille ['sstille], *(~ sprechen)* snakke lavt [snacke 'lahwt] ⟨-et, -et⟩
Leiter/in leder ['lehder] ⟨-en, -e⟩
lesen lese ['lehsse] ⟨-te, -t⟩
letzte(-r, -s) siste ['ssisste]
Leute folk [follk] ⟨-et, -⟩
Licht lys [lühs] ⟨-et, -⟩
lieb søt [ssöht], snill [ssnill]
lieben elske ['ellske] ⟨-et, -et/-a, -a⟩
liebenswürdig elskverdig [ellsk'wärrdi]
lieber heller ['heller]; ~ **haben** foretrekke ['fohretrecke] ⟨-trakk, -trukket⟩
Lied sang [sang] ⟨-en, -er⟩
liegen ligge ['ligge] ⟨lå, ligget⟩
links til venstre [till 'wennsstre]
Loch hull [hüll] ⟨-et, -⟩
Löffel skje [scheh] ⟨-en/-a, -er⟩
Lohn lønn [lönn] ⟨-a/-en⟩
Lokal *(Tanzlokal)* → 59; *(Gaststätte)* restaurant [resstäü'rang] ⟨-en, -er⟩ → 31ff.
löschen slokke ['schlocke] ⟨-te, -t⟩
Luft luft [lüfft] ⟨-a/-en⟩ → 16
Lüge løgn [löünn] ⟨-a/-en, -er⟩
lustig lystig ['lüssti], glad [glah]

M

machen *(herstellen)* lage ['lahge] ⟨-de, -d⟩; gjøre ['jöhre] ⟨gjorde, gjort⟩
Mädchen jente ['jennte] ⟨-a, -er⟩
Mahlzeit måltid ['mohltihd] ⟨-et, -er⟩
Mal gang [gang] ⟨-en, -er⟩; **einmal** en gang [en 'gang]; **jedesmal** hver gang ['währ 'gang]
man man [mann], en [ehn]
manchmal iblant [i'blannt] → 14
Mangel *(Fehlen)* mangel ['mangel] ⟨-en, mangler⟩; *(Fehler)* feil [fäil] ⟨-en, -⟩
Mann mann [mann] ⟨-en, menn⟩
männlich mannlig ['mannli]
Markt marked ['marrkedd] ⟨-et, -er⟩ → 30, 47
Maschine maskin [ma'schihn] ⟨-en, -er⟩
Maß mål [mohl] ⟨-et, -⟩, Maße → Umschlagseite vorne, innen
Medikament medikament [medika'ment] ⟨-et, -er⟩ → 42f.

Meer hav [hahw] ⟨-et, -⟩
mehr mer [mehr]; ~ **als** mer enn [mehr enn]
mein(e) min [minn]
meinen mene ['mehne] ⟨-te, -t⟩
Meinung mening ['mehning] ⟨-en, -er⟩
Mensch menneske ['mennesske] ⟨-et, -er⟩
merken merke ['märrke] ⟨-et, -et/-a, -a⟩; **s. etwas** ~ merke seg noe ['märrke säi nue] ⟨-et, -et/-a, -a⟩
Messe messe ['messe] ⟨-a/-en, -er⟩
Messer kniv [knihw] ⟨-en, -er⟩
mich meg [mäi]
Miete leie ['läie] ⟨-a/-en, -er⟩ → 57
mieten leie (ut) ['läie] ⟨-de, -d⟩
mindestens minst [minnsst], i det minste [i de 'minnsste]
minus minus ['mihnüss]
Minute minutt [mi'mütt] ⟨-et, -er⟩
mir meg [mäi]
mißtrauen mistro ['misstruh] ⟨-dde, -dd⟩
mißverstehen misforstå ['missfoschtoh] ⟨-sto, -stått⟩
mit med [meh]
mitbringen ta med [tah 'meh] ⟨tok, tatt⟩
mitnehmen ta med [tah 'me] ⟨tok, tatt⟩
Mittag middag ['middag] ⟨-en, -er⟩
Mittagessen lunsj [lönnsch] ⟨-en, -er⟩ → 31ff.
Mitte midte ['mitte] ⟨-en⟩
mitteilen meddele ['mehdehle] ⟨-te, -t⟩
Mittel middel ['middel] ⟨-et, midler⟩ → 42
Möbel møbel ['möhbel] ⟨-et, møbler⟩
Mode mote ['muhte] ⟨-en, -er⟩ → 49f.
modern moderne [mu'dährne]
mögen *(gern haben)* like ['lihke] ⟨-te, -t⟩; *(möchte)* ville gjerne ['wille 'jährne] ⟨ville, villet⟩
möglich mulig ['mühli]
Moment øyeblikk ['öüeblick] ⟨-et, -⟩
Monat måned ['mohned] ⟨-en, -er⟩ → 15
Mond måne ['mohne] ⟨-en, -er⟩
Morgen morgen ['moern] ⟨-en, -er⟩ → 13
morgens om morgenen [omm 'moernen]
Motor motor ['muhtur] ⟨-en, -er⟩ → 18
Motorrad motorsykkel ['muhtuschückel] ⟨-en, -sykler⟩ → 17ff.
Mücke mygg [mügg] ⟨-en, -er⟩
müde trøtt [trött]
Mühe møye ['möüe] ⟨-en⟩, besvær [be'sswähr] ⟨-et⟩
Müll søppel ['söppel] ⟨søpla⟩, avfall ['ahwfall] ⟨-et⟩ → 57
Münze mynt [münnt] ⟨-en, -er⟩ → 74
Museum museum [mü'seum] ⟨-et, museer⟩ → 29f.
Musik musikk [mü'sick] ⟨-en⟩
müssen måtte ['motte] ⟨måtte, måttet⟩
Mutter mor [muhr] ⟨-a/-en, mødre⟩

N

nach *prp* (zeitlich) etter ['etter]; *(räumlich)* til [till]; ~ **Norwegen** til Norge [till 'norrge]
Nachbar/in nabo ['nahbu] ⟨-en, -er⟩, granne ['granne] ⟨-en, -er⟩
nachher *adv* etterpå ['etterpo], siden ['sihden]
nachmittags om ettermiddagen [omm 'ettermiddagen] → 14
Nachricht nyhet ['nühheht] ⟨-en, -er⟩, melding ['mellding] ⟨-en/-a, -er⟩
nächste(-r, -s) neste [nesste]
Nacht natt [natt] ⟨-a/-en, netter⟩; **bei** ~ om natta [omm 'natta], **heute** ~ i natt [i natt] → 14
Nachtclub nattklubb ['nattklübb] ⟨-en, -er⟩ → 59
nackt naken ['nahken]
nahe nær [nähr]
Nahverkehr lokaltrafikk [lu'kahltraffick] ⟨-en,⟩ → 75f.
Name navn [nawwn] ⟨-et, -⟩ → 8, 77
naß våt [woht] → 16; *(durchnäßt)* gjennomvåt ['jennomwoht]
Nation nasjon [na'schuhn] ⟨-en, -er⟩
Natur natur [na'tühr] ⟨-en⟩
natürlich naturlig [na'tührli], naturligvis [na'tührliwihs]
neben *prp* ved siden av [we 'sihden ahw]
Neffe nevø [ne'wöh] ⟨-en, -er⟩
nehmen ta [tah] ⟨tok, tatt⟩
nennen nevne ['newne] ⟨-te, -t⟩, kalle ['kalle] ⟨-te, -t⟩
nervös nervøs [ner'wöhs] → 72
nett søt [söht]; *(freundlich)* hyggelig ['hüggeli]
neu ny [nüh]
neugierig nysgjerrig [nü'schärri]
Neuigkeit nyhet ['nühheht] ⟨-en, -er⟩
nicht ikke ['icke]
Nichte niese [ni'ehsse] ⟨-a/-en, -er⟩
nichts ingenting ['ingenting]
nie aldri ['alldri]
nieder, niedrig lav/låg [lahw/lohg]
niemand ingen ['ingen]
nirgends ingen steder ['ingen 'sstehder]
noch enda ['ennda]
Norden Norden ['nurrden]
normal normal [nur'mahl]
Notausgang nødutgang ['nöhdühtgang] ⟨-en, -er⟩ → 25
Notbremse nødbremse ['nöhdbremse] ⟨-a/-en, -er⟩ → 27
nötig nødvendig [nöd'wenndi]
Notrufsäule nødtelefon ['nöhdtelleffuhn] ⟨-en, -er⟩ → 22
Nummer nummer ['nummer] ⟨-et, -⟩
nur bare ['bahre]

O

ob om [omm]
oben oppe ['oppe]
Ober *(Anrede)* kelner ['kellner] ⟨-en, -e⟩ → 31
Obst frukt [frückt] ⟨-a/-en, -er⟩ → 39, 48
oder eller ['eller]
Ofen ovn [owwn] ⟨-en, -er⟩
offen åpen ['ohpen]
öffentlich offentlig ['offenntli]
öffnen åpne ['ohpne] ⟨-et, -et/-a, -a⟩
Öffnungszeiten åpningstider *(pl)* [ohpningsstihder]
oft ofte ['offte]
ohne uten ['ühten]
ohnmächtig bevisstløs [be'wisstlöhs]
Öl olje ['ollje] ⟨-en, -er⟩ → 23, 34
Onkel onkel ['onkel] ⟨-en, onkler⟩
Optiker optiker ['opptiker] ⟨-en, -e⟩ → 51
Ort sted [ssteh(d)] ⟨-et, -er⟩ → 12
Ortschaft landsby ['lannsbüh] ⟨-en, -er⟩
Osten Østen ['össten]
Österreich Østerrike ['össterihke]
Österreicher/in østerriker ['össterihker] ⟨-en, -e⟩
Ozean osean [usse'ahn] ⟨-et, -⟩

P

Paar, ein ~ par [pahr] ⟨-et, -⟩; *(Ehe~)* ektepar ['ecktepahr] ⟨-et, -⟩
Päckchen småpakke ['smohpacke] ⟨-a/-en, -er⟩
packen pakke ['packe] ⟨-et, -et/-a, -a⟩
Paket pakke ['packe] ⟨-a/-en, -er⟩ → 78
Panne uhell ['ühhell] ⟨-et, -⟩ → 18, 23
Papiere papirer *(pl)* [pa'pihrer] → 23, 77
Park park [parrk] ⟨-en, -er⟩
parken parkere [par'kehre] ⟨-te, -t⟩ → 18
Paß *(Ausweis; Gebirge)* pass [pass] ⟨-et, -⟩
Passagier passasjer [passa'schehr] ⟨-en, -er⟩ → 25, 28
passieren passere [pass'ehre] ⟨-te, -t⟩
Paßkontrolle passkontroll ['passkunntroll] → 81
Pension pensjonat [pangschu'naht] ⟨-et, -er⟩ → 53ff.
Person person [pe'schuhn] ⟨-en, -er⟩
Personal personale [peschu'nahle] ⟨-et, -er⟩
Personalausweis identitetskort [identi'tehtskorrt] ⟨-et, -⟩ → 77, legitimasjonskort [legitima'schuhnskorrt] ⟨-et, -⟩ → 81
Personalien personalier [peschu'nahlier] ⟨pl⟩
Pfand pant [pannt] ⟨-et, -⟩
Pflanze plante ['plannte] ⟨-a/-en, -er⟩
Pflicht plikt [plickt] ⟨-en/-a, -er⟩
Platz plass [plass] ⟨-en, -er⟩ → 30
plötzlich plutselig ['plüttseli]
plus pluss [plüss]
Politik politikk [puli'tick] ⟨-en⟩
Polizei politi [puli'tih] ⟨-et⟩ → 76f.
Portier portier [purrti'ehr] ⟨-en, -er⟩ → 56
Postamt postkontor ['postkuntuhr] ⟨-et, -⟩ → 78
Preis pris [prihs] ⟨-en, -er⟩
Priester prest [presst] ⟨-en, -er⟩
pro pr. [perr]
Programm program [pru'gramm] ⟨-met, -⟩ → 63
Promille promille [pru'mille] ⟨-en, -er⟩ → 23
Prozent prosent [prus'sennt] ⟨-en, -er⟩
prüfen undersøke [ünde'schöhke] ⟨-te, -t⟩, teste ['tesste] ⟨-et, -et/-a, -a⟩
pünktlich punktlig ['punktli]
putzen pusse ['püsse] ⟨-et, -et/-a, -a⟩, gjøre reint [jöhre 'räint] ⟨gjorde, gjort⟩

Q

Qualität kvalitet [kwali'teht] ⟨-en, -er⟩
Quelle kilde ['chillde] ⟨-en, -er⟩
quittieren kvittere [kwi'tehre] ⟨-te, -t⟩

R

Rabatt rabatt [ra'batt] ⟨-en, -er⟩
radfahren sykle ['ssückle] ⟨-et, -et/-a, -a⟩ → 17ff., 63
Radio radio ['rahdiu] ⟨-en, -er⟩ → 56
Rand rand [rann] ⟨-a/-en, render⟩, kant [kannt] ⟨-en, -er⟩
rasch rask [rassk], hurtig [hürrti]
Rasen plen [plehn] ⟨-en, -er⟩
Raststätte rasteplass ['rassteplass] ⟨-en, -er⟩ → 23
raten *(Rat erteilen)* råde ['rohde] ⟨-et, -et/-a, -a⟩; *(er~)* gjette ['jette] ⟨-et, -et/-a, -a⟩
Rathaus rådhus ['rohdhühs] ⟨-et, -⟩ → 30
rauchen røyke/røke ['röüke/'röhke] ⟨-te, -t⟩
Raucher røykere/røkere *(pl)* ['röükere/'röhkere] → 24, 25, 27
Raum rom [rumm] ⟨-met, -⟩
rechnen regne ['räine] ⟨-et, -et⟩
Rechnung regning ['räining] ⟨-en/-a, -er⟩ → 32
Recht rett [rett] ⟨-en, -er⟩
recht haben ha rett [hah 'rett] ⟨-dde, -tt⟩
rechts til høyre [till 'höüre]
rechtzeitig adv i rett tid [i 'rett 'tih]
reden tale ['tahle] ⟨-te, -t⟩
regeln ordne ['orrdne] ⟨-et, -et/-a, -a⟩
Regierung regjering [re'jehring] ⟨-en/-a, -er⟩
regnen regne ['räine] ⟨-et, -et/-a, -a⟩ → 16
reich rik [rihk]
reinigen rense ['rennsse] ⟨-et, -et⟩ → 56
Reise reise ['räisse] ⟨-a/-en, -er⟩
Reisebüro reisebyrå ['räissebüroh] ⟨-et, -er⟩
Reiseführer guide [gaid] ⟨-en, -er⟩ → 52, reisehåndbok ['räissehonnbuhk] ⟨-a/-en, -bøker⟩
reisen (nach) reise ['räisse (till)] ⟨-te, -t⟩
Reisepaß pass [pass] ⟨-et, -⟩ → 77, 81
Reiseroute reiserute ['räisserühte] ⟨-a/-en, -er⟩
Reisescheck reisesjekk ['räissescheck] ⟨-en, -er⟩ → 74
reklamieren reklamere [reckla'mehre] ⟨-te, -t⟩; klage ['klahge] ⟨-et, -et/-a, -a⟩ → 32, 54
Reparatur reparasjon [repara'schuhn] ⟨-en, -er⟩ → 18
Reservierung reservering [resser'wehring] ⟨-en, -er⟩ → 27
Rest rest [resst] ⟨-en, -er⟩
Restaurant restaurant [resstäü'rang] ⟨-en, -er⟩ → 31ff.
retten redde ['redde] ⟨-et, -et⟩
Rettungsboot redningsbåt ['reddningsboht] ⟨-en, -er⟩ → 28
Rezeption resepsjon [ressep'schuhn] ⟨-en, -er⟩ → 53f.
richtig *(Gegensatz zu falsch)* riktig ['rickti]; *(geeignet)* passende ['passende]
Richtung retning ['rettning] ⟨-en, -er⟩
riechen lukte ['luckte] ⟨-et, -et⟩
Risiko risiko ['rissiku] ⟨-en, -er⟩
rot rød [röh]
Route rute ['rühte] ⟨-a/-en, -er⟩
Rückkehr hjemkomst ['jemmkommsst] ⟨-en, -er⟩
rufen rope ['ruhpe] ⟨-te, -t⟩
Ruhe hvile ['wihle] ⟨-en, -er⟩, ro ⟨-en/-a⟩; *(Stille)* stillhet [sstillheht] ⟨-en⟩
ruhig rolig ['ruhli]
rund rund [rünn]

S

Saal sal [ssahl] ⟨-en, -er⟩
Sache *(Ding)* ting [ting] ⟨-en, -⟩; *(Angelegenheit)* sak [ssahk] ⟨-a/-en, -er⟩
sagen si [ssih] ⟨sa, sagt⟩
Saison sesong [sses'song] ⟨-en, -er⟩; **außerhalb der ~** utenfor sesongen ['ühtenfor sses'songen], lavsesong ['lahwssessong]
sammeln samle ['ssammle] ⟨-et, -et/-a, -a⟩
satt mett [mett]
Satz setning ['ssettning] ⟨-en, -er⟩
sauber rein/ren [räin/rehn]
schade, es ist ~ det var synd ['de wah 'schünn]; **wie ~** så synd [sso 'ssünn]

schaden skade ['skahde] ⟨-et, -et/-a, -a⟩
Schadenersatz skadeserstatning ['skahdessehschtattning] ⟨-en, -er⟩
schädlich skadelig ['skahdeli]
Schalter luke ['lühke] ⟨-a/-en, -er⟩, skranke ['skranke] ⟨-en, -er⟩ → 24, 74, 78; *(Strom~)* (ström)bryter ['sströmmbrühter] ⟨-en, -e⟩
schauen kikke ['chicke] ⟨-et, -et/-a, -a⟩
Scheck sjekk [scheck] ⟨-en, -er⟩ → 74f.
schenken skjenke ['schenke] ⟨-et, -et⟩; gi(bort) [jih(burrt)] ⟨ga, gitt⟩
Scherz spøk [sspöhk] ⟨-en, -er⟩
schicken sende ['ssenne] ⟨-te, -t⟩
Schiff skip [schihp] ⟨-et, -⟩ → 27f.
Schild skilt [schillt] ⟨-et, -⟩
schimpfen skjelle [schelle 'üht] ⟨-te, -t⟩
Schirm skjerm [schärrm] ⟨-en, -er⟩ → 50
schlafen sove ['ssohwe] ⟨sov, sovet⟩
schlank slank [schlank]
schlecht dårlig ['dohrli]
schließen låse ['lohsse] ⟨-te, -t⟩, stenge ['sstenge] ⟨-te, -t⟩
Schloß slott [schlott] ⟨-et, -⟩ → 30; *(Tür)* lås [lohs] ⟨-en, -er⟩
Schlüssel nøkkel ['nöckel] ⟨-en, nøkler⟩ → 54, 56, 77
schmerzen smerte ['ssmärrte] ⟨-et, -et⟩
Schmuck smykke ['ssmücke] ⟨-et, -er⟩ → 51
schmuggeln smugle ['ssmüggle] ⟨-et, -et⟩
Schmutz skitt [schitt] ⟨-en⟩
schmutzig skitten ['schitten]
schneiden skjære ['schähre] ⟨skar, skåret⟩
schneien snø [ssnöh] ⟨-dde, -dd⟩
schnell adj rask [rassk], adv raskt [rasskt]
Schnellimbiß gatekjøkken ['gahtechöcken] ⟨-et, -⟩; snackbar ['ssnäckbahr] ⟨-en, -er⟩
schon alt/allerede [allt/alle'rehde]
schön pen [pehn]
schrecklich skrekkelig ['skreckeli]
schreiben skrive ['skrihwe] ⟨skrev/skreiv, skrevet⟩
Schreibwaren papirhandel [pa'pihrhandel] → 52
schreien skrike ['skrihke] ⟨skrek/skreik, skreket⟩
Schrift skrift [skrifft] ⟨-et, -er⟩; *(Hand~)* skrift⟨-a/-en, -er⟩
schriftlich skriftlig ['skrifftli]
schüchtern blyg [blühg], sky [schüh]
Schuh sko [skuh] ⟨-en, -⟩ → 50
Schuld skyld [schüll], gjeld [jell] ⟨-a/-en⟩
schulden skylde ['schülle] ⟨-te, -t⟩
Schuß skudd [skündd] ⟨-et, -⟩
Schutz beskyttelse [be'schüttelse] ⟨-en⟩
schwach svak [sswahk]
Schwager svoger ['sswohger] ⟨-en, -e⟩
Schwägerin svigerinne [sswihger'inne] ⟨-a/-en, -er⟩
schwanger gravid [gra'wihd]
schwarz svart [sswarrt]
Schweigen taushet ['täüssheht] ⟨-en⟩
Schweiz Sveits [sswäits]
Schweizer/in sveitser ['sswäitser] ⟨-en, -e⟩
schwer *(Gewicht)* tung [tung]; *(Krankheit)* alvorlig [all'wohrli]; *(schwierig)* vanskelig ['wannskeli]
Schwester søster ['ssösster] ⟨-a/-en, -søstre⟩, *(Kranken~)* sjukesøster ['schühkessösster] ⟨-a/-en, -søstre⟩
schwierig vanskelig ['wannskeli]
Schwimmbad svømmebasseng ['sswömmebasseng] ⟨-et, -⟩
schwimmen svømme ['sswömme] ⟨-te, -t⟩ → 61
schwindlig svimmel ['sswimmel]
schwitzen svette ['sswette] ⟨-et, -et/-a, -a⟩
See, der ~ innsjø ['innschöh] ⟨-en, -er⟩/vann [wann] ⟨-et, -⟩; **die** ~ hav [hahw] ⟨-et, -⟩
sehen se [sseh] ⟨så, sett⟩
Sehenswürdigkeiten severdigheter *(pl)* [sse'wärrdihehter] → 29f.
sehr svært [sswährt]
sein *verb* være ['währe] ⟨var, vært⟩
seit siden ['ssihden]
Seite side ['ssihde] ⟨-en/-a, -er⟩
Sekunde sekund [sse'künn] ⟨-et, -⟩
Selbstbedienungsladen selvbetjeningsbutikk ['ssellbettjehningsbütick] ⟨-en, -er⟩
selten sjelden ['schellden]
senden sende ['ssenne] ⟨-te, -t⟩
Sendung *(Post, Radio, Fernsehen)* sending ['ssenning] ⟨-en/-a, -er⟩
servieren servere [ssär'wehre] ⟨-te, -t⟩
setzen sette ['ssette] ⟨satte, satt⟩
Sex sex [ssecks] ⟨-en⟩
sicher sikker ['ssicker]
Sicherheit sikkerhet ['ssickerheht] ⟨-en⟩
Sicherung sikring ['ssickring] ⟨-en/-a, -er⟩ → 23
Sicht sikt [ssickt] ⟨-en⟩
sichtbar synlig ['ssühnli]
sie *prn sg f*: hun [hünn], *pl*: de [dih], *obj*: henne ['henne], *pl*: dem [demm]
singen synge ['ssünge] ⟨sang, sunget⟩
sitzen sitte ['ssitte] ⟨satt, sittet⟩
so slik [schlihk], så [ssoh]
sofort straks [sstracks]
sogar til og med [till o 'meh]
Sohn sønn [ssönn] ⟨-en, -er⟩
sollen skulle ['skülle] ⟨skulle, skullet⟩
Sonne sol [ssuhl] ⟨-a/-en, -er⟩ → 16
Sonnenbrille solbriller ['ssuhlbriller] ⟨pl⟩
sonnig solrik ['ssuhlrihk] → 16
sorgen, ~ **für** sørge for ['ssörge for] ⟨-et, -et/-a, -a⟩, **s.** ~ **um** bekymre seg om [be'chümmre ssäi omm] ⟨-et, -et/-a, -a⟩
Sorte slag [schlahg] ⟨-et, -⟩; *(Zigaretten)* merke ['märrke] ⟨-et, -er⟩
Spaß *(Scherz)* spøk [sspöhk] ⟨-en, -⟩; *(Vergnügen)* fornøyelse [for'nöüelse] ⟨-en, -er⟩
spät sein [ssäin]
später seinere ['ssäinere]
spazierengehen gå tur [goh 'tühr] ⟨gikk, gått⟩
Speisekarte spiseseddel ['sspihssesseddel] ⟨-en, -sedler⟩, meny [me'nüh] ⟨-en, -er⟩ → 31, 35ff.
spielen spille ['sspille] ⟨-te, -t⟩, ; *(Kinder)* leke/leike ['lehke/'läike] ⟨-te, -t⟩
Spielzeug leketøy/leiketøy ['lehketöü/'läiketöü] ⟨-et⟩
Sport sport [sspurrt] ⟨-en⟩ → 61
Sprache språk [ssprohk] ⟨-et, -⟩
sprechen snakke ['ssnacke] ⟨-et, -et/-a, -a⟩
Staat stat [sstaht] ⟨-en, -er⟩
Staatsangehörigkeit nasjonalitet [naschunali'teht] ⟨-en, -er⟩ → 81
Stadt by [büh] ⟨-en, -er⟩
Stadtplan bykart ['bühkarrt] ⟨-et, -⟩ → 52
Stadtrundfahrt byrundtur ['bührünntühr] ⟨-en, -er⟩ → 29f.
stammen stamme ['sstamme] ⟨-et, -et/-a, -a⟩
statt *prp* i stedet for [i 'sstehde for]
stattfinden finne sted [finne 'ssteh(d)] ⟨fant, funnet⟩
stechen stikke ['ssticke] ⟨stakk, stukket⟩

stehen stå [sstoh] ⟨sto, stått⟩
stehenbleiben bli stående [bli 'sstoende] ⟨ble/blei, blitt⟩
stehlen stjele ['sstjehle] ⟨stjal, stjålet⟩
steigen stige ['sstihge] ⟨steg/steig, steget⟩
steil bratt [bratt]
Stein stein [sstäin] ⟨-en, -er⟩
Stelle *(Ort)* sted [ssteh(d)] ⟨-et, -er⟩; *(Arbeit)* stilling ['sstilling] ⟨-en/-a, -er⟩
stellen stille ['sstille] ⟨-te, -t⟩
Stellung stilling ['sstilling] ⟨-en/-a, -er⟩
sterben dø [döh] ⟨-de, -dd⟩
Stern stjerne ['sstjehrne] ⟨-a/-en, -er⟩
Stil stil [sstihl] ⟨-en, -er⟩
still stille ['sstille]
Stimme stemme ['sstemme] ⟨-a/-en, -er⟩
Stock stokk [sstock] ⟨-en, -er⟩; *(~werk)* etasje [e'tahsche] ⟨-en, -er⟩
Stoff stoff [sstoff] ⟨-et, -er⟩
stören forstyrre [fo'schtürre] ⟨-et, -et⟩
stornieren avbestille ['ahwbesstille] ⟨-te, -t⟩ → 24f.
Störung forstyrrelse [fo'schtürrelse] ⟨-en, -er⟩
stoßen støte ['sstöhte] ⟨støtte, støtt⟩
Strafe straff [sstraff] ⟨-en, -er⟩; *(Geld~)* bot [buht] ⟨-a/-en, bøter⟩
Strand strand [sstrann] ⟨-a/-en, strender⟩ → 61
Straße gate ['gahte] ⟨-a/-en, -er⟩; *(Land~)* (lande)vei/veg [('lanne)wäi] ⟨-en, -er⟩ → 23, 76
Straßenkarte bilkart ['bihlkarrt] ⟨-et, -⟩, veikart ['wäikarrt] ⟨-et, -⟩ → 23, 52
Strauß *(Blumen)* bukett [bü'kett] ⟨-en, -er⟩
Strecke strekning ['sstreckning] ⟨-en, -er⟩; *(Bahn~)* linje ⟨-a/-en, -er⟩
Strom *(Fluß)* elv [ellw] ⟨-a/-en, -er⟩; *(el.)* strøm [sströmm] ⟨-men⟩ → 56 ff.
Stück stykke ['sstücke] ⟨-et, -er⟩
studieren studere [sstü'dehre] ⟨-te, -t⟩
Stuhl stol [sstuhl] ⟨-en, -er⟩
Stunde time ['tihme] ⟨-en, -er⟩
suchen søke ['ssöhke] ⟨-te, -t⟩
Süden Syden ['ssühden]
Summe sum [ssümm] ⟨-men, -mer⟩
Supermarkt supermarked ['ssühpermarrkedd] ⟨-et, -er⟩

T

Tabak tobakk ['tubback] ⟨-en⟩ → 52
Tag dag [dahg] ⟨-en, -er⟩
Tankstelle bensinstasjon [benn'sihnsstaschuhn] ⟨-en, -er⟩ → 17
Tante tante ['tannte] ⟨-a/-en, -er⟩
tanzen danse ['dannsse] ⟨-et, -et/-a, -a⟩ → 59
Tätigkeit virksomhet ['wirrksommheht] ⟨-en, -er⟩
tauschen bytte ['bütte] ⟨-et, -et/-a, -a⟩
täuschen, s. ~ ta feil [ta 'fäil] ⟨tok, tatt⟩
Taxi taxi ['tacksi] ⟨-en, -er⟩, drosje ['drosche] ⟨-a/-en, -er⟩ → 79
Teil del [dehl] ⟨-en, -er⟩
teilnehmen (an) delta (i) ['dehltah] ⟨-tok, -tatt⟩
Telefon telefon [telle'fuhn] ⟨-en, -er⟩ → 79f.
telefonieren telefonere [telleffu'nehre] ⟨-te, -t⟩, ringe ['ringe] ⟨-te, -t⟩ → 79f.
Temperatur temperatur [tempera'tühr] ⟨-en, -er⟩ → 16
Termin tidspunkt ['tittsspungt] ⟨-et, -⟩; *(Frist)* frist [frisst] ⟨-en, -er⟩
teuer dyr [dühr]
Theater teater [te'ahter] ⟨-et, -⟩ → 60
tief djup/dyp [jühp/dühp]
Tier dyr [dühr] ⟨-et, -⟩
Tisch bord [buhr] ⟨-et, -⟩
Tochter datter ['datter] ⟨-a/-en, døtre⟩
Tod død [döhd] ⟨-en⟩
Toilette toalett [tua'lett] ⟨-et, -er⟩ → 31, 54, 56
Toilettenpapier toalettpapir [tua'lettpapihr] ⟨-et⟩
Ton tone ['tuhne] ⟨-en, -er⟩
Tonwaren leirvarer ['läirwahrer] ⟨pl⟩
Topf kjele ['chehle] ⟨-en, -er⟩, gryte ['grühte] ⟨-a/-en, -er⟩
tot død [döh(d)]
tragen bære ['bähre] ⟨bar, båret⟩
träumen drømme ['drömme] ⟨drømte, drømt⟩
traurig trist [trisst], sørgelig ['ssörrgeli]
treffen treffe ['treffe] ⟨traff, truffet⟩
Treppe trapp [trapp] ⟨-a/-en, -er⟩
treu tro(fast) [truh] ['truhfasst]
trinken drikke ['dricke] ⟨drakk, drukket⟩ → 31ff.
Trinkgeld drikkepenger *(pl)* ['drickepenger] → 34, 79
Trinkwasser drikkevann ['drickewann] ⟨-et⟩
trotz *prp* tross [tross]
trotzdem likevel, til tross for ['lihkewell], [till 'tross for]
tschüs ha det! ['hahde]
tun gjøre ['jöhre] ⟨gjorde, gjort⟩
Tunnel tunnel ['tünnel] ⟨-en, -er⟩
Tür dør [döhr] ⟨-a/-en, -er⟩
typisch typisk ['tühpissk]

U

Übelkeit kvalme ['kwallme] ⟨-en⟩ → 73
über *prp (räumlich)* over ['ohwer]; *(von)* om [omm]
überall overalt [ohwe'rallt]
überfallen overfalle ['ohwerfalle] ⟨-falt, -falt⟩
überholen innhente ['innhennte] ⟨-et, -et/-a, -a⟩; *(mit dem Auto)* kjøre forbi [chöhre for'bi] ⟨-te, -t⟩
übernachten overnatte ['ohwernatte] ⟨-et, -et/-a, -a⟩ → 53ff.
überqueren gå over [go 'ohwer] ⟨gikk, gått⟩
überrascht overraske ['ohwerassket] ⟨-et, -et⟩
Übersee oversjøisk land ['ohweschöisk lann]
übersetzen oversette ['ohweschette] ⟨-satte, -satt⟩
überweisen *(Geld)* overføre ['ohwerföhre] ⟨-te, -t⟩
Ufer *(Fluß)* bredd [bredd] ⟨-en, -er⟩; *(Meer)* kyst [chüsst] ⟨-en, -er⟨
Uhr klokke ['klocke] ⟨-a/-en, -er⟩
Uhrzeit klokka ['klocka] → 13
um *prp (räumlich)* omkring [omm'kring]; *(Zeitangabe)* ved [weh(d)]; *(gegen)* ca. ['ssirrka]
umbuchen ombestille ['ommbesstille] ⟨-te, -t⟩ → 25
Umleitung omkjøring ['ommchöhring] ⟨-en, -er⟩ → 23
umsonst *(gratis)* gratis ['grahtiss]; *(vergebens)* forgjeves [for'jehwes]
umsteigen bytte (tog, buss, etc) ['bütte (tohg büss ettsetterra)] ⟨-et, -et/-a, -a⟩
umtauschen bytte ['bütte] ⟨-et, -et/-a, -a⟩, veksle, -et, -et/-a, -a ['weckschle] → 74f.

Umwelt miljø [mil'jöh] ⟨-et, -er⟩, omverden ['ummwärrden] ⟨-en⟩
umziehen *(Wohnung wechseln)* flytte ['flütte] ⟨-et, -et⟩; **s.** ~ kle seg om [kleh säi 'omm] ⟨kledte, kledt⟩
unbedingt ubetinget ['ühbettinget]
unbekannt ukjent ['ühchennt]
und og [oh]
Unfall ulykke ['ühlücke] ⟨-a/-en, -er⟩ → 19
unfreundlich uvennlig [ü'wennli]
ungefähr omtrent, ca. [omm'trennt]
ungern nødig ['nöhdi]
ungesund usunn ['ühssünn]
ungewiß uviss ['ühwiss]
Unglück ulykke ['ühlücke] ⟨-a/-en, -er⟩
unglücklich ulykkelig [ü'lückeli]
ungültig ugyldig [ü'jülldi]
unhöflich uhøflig [ü'höffli]
Unkosten kostnader ['ommkosstninger] ⟨pl⟩
unmöglich umulig [ü'mühli]
unruhig urolig [ü'ruhli]
uns oss [oss]
unschuldig uskyldig [ü'schülldi]
unser, unsere vår [wohr]
unter under ['ünn(d)er]; *(zwischen)* blant [blannt]
unterbrechen avbryte ['ahwbrühte] ⟨-brøt, -brutt⟩
Unterführung tunnel ['tünnel] ⟨-en, -er⟩, viadukt [wia'dückt] ⟨-en, -er⟩
Unterhaltung *(Gespräch)* samtale ['sammtahle] ⟨-en, -er⟩; *(Vergnügen)* underholdning [ünder'hollning] ⟨-en⟩ → 59f.
Unterkunft husly ['hühsslüh] ⟨-et⟩, overnattingssted ['ohwernattingssteh(d)] ⟨-et, -er⟩
Unterschied forskjell [fo'schell] ⟨-en, -er⟩
Unterschrift underskrift ['ünneschkrifft] ⟨-a/-en, -er⟩ → 74f.
Untersuchung undersøkelse [ünne'schöhkelse] ⟨-en, -er⟩
unterwegs underveis [ünn(d)er'wäiss] → 17
unverschämt uforskammet ['ühfoschkammet]
unwohl uvel ['ühwell]
Urlaub ferie ['fehrie] ⟨-en, -er⟩
Ursache årsak ['ohschahk] ⟨-a/-en, -er⟩
urteilen bedømme [be'dömme] ⟨-te, -t⟩

V

Vater far [fahr] ⟨-en, fedre⟩
Verabredung avtale ['ahwtahle] ⟨-en, -er⟩ → 10f.
verabschieden, s. ~ ta avskjed [tah 'ahwschehd] ⟨tok, tatt⟩
verändern forandre [for'anndre] ⟨-et, -et/-a, -a⟩
Veranstaltung arrangement [arrangsche'mang] ⟨-et, -⟩ → 60
Veranstaltungskalender program [pru'gramm] ⟨-met, -⟩ → 60
verbieten forby [for'büh] ⟨-bød/-baud, -budt⟩
Verbindung *(Zug, tele)* forbindelse [for'binnelse] ⟨-en, -er⟩ *(Telefon* → *79f.)*
verboten! forbudt! [for'bütt]
verdienen tjene ['tjehne] ⟨-te, -t⟩
verdorben ødelagt ['öhdelackt]; *(faul)* råtten ['rotten]
vereinbaren bli enige om [bli 'ehnie omm], ['ahwtahle] ⟨ble, blitt⟩
Verfassung forfatning [for'fattning] ⟨-en, -er⟩; *(Zustand)* tilstand ['tillsstann] ⟨-en, -er⟩
Vergangenheit fortid ['forrtih(d)] ⟨-en/-a⟩
vergessen glemme ['glemme] ⟨-te, -t⟩
Vergewaltigung voldtekt ['wollteckt] ⟨-en, -er⟩ → 77
Vergiftung forgiftning [for'jifftning] ⟨-en, -er⟩ → 73
Vergnügen fornøyelse [for'nöüelse] ⟨-en, -er⟩ → 59f.
verheiratet gift [jifft] → 81
Verhütungsmittel prevensjonsmiddel [prewang'schuhnsmiddel] ⟨-et, -midler⟩
verirren, s. ~ gå seg vill [goh säi 'will] ⟨gikk, gått⟩
Verkauf salg [sallg] ⟨-et, -⟩
Verkehr trafikk [tra'fick] ⟨-en⟩
Verkehrsamt turistkontor [tür'risstkun'tuhr] ⟨-et, -⟩
verlängern forlenge [for'lenge] ⟨-et, -et/-a, -a⟩
verlieren tape ['tahpe] ⟨-te, -t⟩, miste ['misste] ⟨-et, -et/-a, -a⟩ → 75, 77
verloben, s. ~ forlove seg [for'lohwe säi] ⟨-et, -et/-a, -a⟩
Verlobte, der/die ~ forlovede [for'lohwede] ⟨-en, -er⟩
Verlust tap [tahp] ⟨-et, -⟩
vermieten leie ut [läie 'üht] ⟨-de, -d⟩ → 19, 56f.
versäumen forsømme [fo'schömme] ⟨-sømte, -sømt⟩
verschieben *(zeitlich)* utsette ['ühtsette] ⟨-satte, -satt⟩
verschieden forskjellig [fo'schelli]
verschreiben skrive ut [skrihwe 'üht] ⟨skrev ut, skrevet ut⟩, forordne [for'orrdne] ⟨-et, -et/-a, -a⟩ → 69, 73
Versehen, aus ~ av vanvare [ahw 'wannwahre]
Versicherung forsikring [fo'schickring] ⟨-en/-a, -er⟩
verspäten, s. ~ komme for seint [komme fo 'schäint] ⟨kom, kommet⟩
Versprechen løfte ['löffte] ⟨-et, -er⟩
verständigen, jdn ~ informere en [innfor'mehre] ⟨-te, -t⟩
verstehen forstå [fo'schtoh] ⟨-sto, -stått⟩
versuchen forsøke [fo'schöhke] ⟨-te, -t⟩; *(Speisen)* smake ['smahke] ⟨-te, -t⟩
Vertrag kontrakt [kun'trackt] ⟨-en, -er⟩
verunglücken komme til skade [komme till 'skahde] ⟨kom, kommet⟩
verwandt i slekt [i 'schleckt]
verwechseln forveksle [for'wekschle] ⟨-et, -et/-a, -a⟩
Verzeichnis fortegnelse [for'täinelse] ⟨-en, -er⟩
verzeihen tilgi ['tilljih] ⟨-ga, -gitt⟩
verzollen fortolle [for'tollke] ⟨-et, -et/-a, -a⟩
viel mye ['müe]
vielleicht kanskje ['kannsche]
Visum visum ['wihssüm] ⟨-et, visa⟩ → 81
Volk folk [follk] ⟨-et, -⟩
voll full [füll]; *(besetzt)* opptatt ['opptatt]
Vollpension helpensjon ['hehlpangschuhn] ⟨-en, -er⟩ → 56
von *prp* fra [frah]; *(Passiv)* av [ahw]
vor *prp (räumlich)* foran ['forrann]; *(zeitlich)* før [föhr]; ~ **allem** framfor alt [frammfor 'alt]
Voranmeldung bestilling [be'sstilling] ⟨-en, -er⟩ → 58
voraus, im ~ på forhånd [po 'forrhonn]
vorher tidligere ['tihdliere], før [föhr]
vormittags om formiddagen [omm 'forrmiddagen] → 14
Vorname fornavn ['fornawwn] ⟨-et, -⟩ → 81

Vorort forstad ['foschtahd] ⟨-en, -steder⟩

Vorsaison forsesong ['foschessong] ⟨-en, -er⟩, lavsesong ['lahwssessong] ⟨-en, -er⟩ → 56

Vorschrift forskrift ['foschkrifft] ⟨-en/-a, -er⟩

Vorsicht forsiktighet [fo'schicktiheht] ⟨-en⟩; ~! se opp['seh 'opp]!, Forsikti [fo'schickti]!

Vorstellung presentasjon [pressangta'schuhn] ⟨-en, -er⟩ → 8f.; *(Begriff, Theater)* forestilling ['fohresstilling] ⟨-en/-a, -er⟩ → 60

Vorverkauf forsalg ['foschallg] ⟨-et, -⟩ → 60

Vorwahlnummer retningsnummer ['rettningsnummer] ⟨-et, -⟩ → 79f.

vorziehen foretrekke ['fohretrecke] ⟨-trakk, -trukket⟩

W

wach våken ['wohken]

wählen velge ['wellge] ⟨valgte, valgt⟩; *(pol)* stemme ['sstemme] ⟨stemte, stemt⟩; *(tele)* slå [schloh]⟨slo, slått⟩ → 80

wahr sann [sann]

während *prp* under, i løpet av ['ünn(d)er]; *konj* mens [menns]

wahrscheinlich sannsynlig [sann'sühnli]

Währung valuta [wa'lühta] ⟨-en, -er⟩ → 75

Wald skog [skuhg] ⟨-en, -er⟩ → 30

Wanderkarte turkart ['tührkarrt] ⟨-et, -⟩ → 52

wandern vandre ['wanndre] ⟨-et, -et/-a, -a⟩ → 64

warm varm [warrm] → 16

warnen (vor) advare (mot) ['ahdwahre] ⟨-te, -t⟩

warten vente ['wennte] ⟨-et, -et/-a, -a⟩

Wartesaal venterom ['wennterumm] ⟨-met, -⟩ → 27

Wartezimmer venterom ['wennterumm] ⟨-met, -⟩ → 73

was hva [wah]; ~ **für ein/eine** hva for en/ei? ['wah for ehn/äi]

waschen vaske ['wasske] ⟨-et, -et/-a, -a⟩

Wasser vann [wann] ⟨-et⟩ → 34, 56

wechseln *(Geld)* veksle ['weckschle] ⟨-et, -et/-a, -a⟩; bytte ['bütte] ⟨-et, -et/-a, -a⟩

wecken vekke ['wecke] ⟨-et, -et/-a, -a⟩

Weg vei/veg [wäi] ⟨-en, -er⟩

wegen på grunn av [po 'grünn ahw]

weggehen gå vekk [goh 'weck] ⟨gikk, gått⟩

Wegweiser veiviser ['wäiwihsser] ⟨-en, -e⟩ → 23

weh tun gjøre vondt [jöhre 'wunnt] ⟨gjorde, gjort⟩ → 73

weiblich kvinnelig ['kwinnelig]

weich myk/mjuk [mühk]/[mjühk]; *(Ton, Farbe)* dempet ['dempet]

weigern, s. ~ nekte ['neckte] ⟨-et, -et/-a, -a⟩

weil fordi [for'dih]

weinen gråte ['grohte] ⟨gråt, grått⟩

weiß hvit [wiht]

weit *(Gegenteil von eng)* brei/bred [bräi/brehd], vid [wih]; *(Weg)* lang [lang]

Welt verden ['wärrden] ⟨-en, -er⟩

wenig lite ['lihte]; **ein** ~ **(von)** litt (av) [litt]

weniger *(meßbar)* mindre ['minndre], *(zählbar)* færre ['färre]

wenn *(Bedingung)* hvis [wiss]; *(zeitlich)* når [norr]

werden bli [blih] ⟨ble/blei, blitt⟩

Werkstatt verksted ['wärrkssteh] ⟨-et, -er⟩ → 18

werktags til hverdags [till 'wärdags]

Wert verdi [wär'di] ⟨-en, -er⟩

Westen vesten ['westen]

Wetter vær [währ] ⟨-et⟩ → 16

wichtig viktig ['wickti]

wie *(Frage)* hvordan ['wurrdan]; ~ **viele**? hvor mange? [wurr 'mange]

wieder igjen [i'jenn]; *(noch einmal)* en gang til [en 'gang till]

wiederholen gjenta ['jenntah] ⟨-tok, -tatt⟩

wiederkommen komme igjen [komme i'jenn] ⟨kom, kommet⟩

wiedersehen se igjen [se i'jenn] ⟨så, sett⟩; **auf** ~ adjö [ad'jöh], morn'a ['morna]

wiegen veie ['wäie] ⟨-de, -d⟩

willkommen velkommen ['wellkommen]

wir vi [wih]

Wirt/in vert [werrt] ⟨-en, -er⟩/vertinne [werrt'inne] ⟨-a/-en, -er⟩

Woche uke ['ühke] ⟨-a/-en, -er⟩ → 14f.

wohnen bo/bu [buh/büh] ⟨-dde, -dd⟩

Wohnort, Wohnsitz hjemsted ['jemmssteh(d)] ⟨-et, -er⟩ → 81

Wohnung leilighet ['läiliheht] ⟨-en, -er⟩; *(möblierte Wohnung)* møblert leilighet [mö'blehrt 'läiliheht] ⟨-en, -er⟩

wollen ville ['wille] ⟨ville, villet⟩; *(wünschen)* ønske ['önnske] ⟨-et, -et/-a, -a⟩

Wort ord [uhr] ⟨-et, -⟩

wünschen ønske ['önnske] ⟨-et, -et/-a, -a⟩

wütend rasende ['rahssende]; *(~ werden)* bli rasende ⟨ble, blitt⟩

Z

Zahl tall [tall]⟨-et, -⟩ → vordere innere Umschlagseite

zahlen betale [be'tahle] ⟨-te, -t⟩

Zahlung betaling [be'tahling] ⟨-en/-a⟩ → 75

Zahnarzt tannlege ['tannlehge] ⟨-en, -er⟩ → 69

zeigen vise ['wihsse] ⟨-te, -t⟩; *(hinweisen)* peke ['pehke] ⟨-te, -t⟩

Zeit tid [tihd] ⟨-en/-a, -er⟩ → 13ff.

Zeitschrift tidsskrift ['tittskrifft] ⟨-et, -er⟩ → 52

Zeitung avis [a'wihs] ⟨-a/-en, -er⟩ → 42, 52

Zentrum sentrum ['ssenntrüm] ⟨sentret, sentra⟩

zerbrechlich skrøpelig ['sskröhpeli]

zerstören ødelegge ['öhdelegge] ⟨-la, -lagt⟩

Zeuge vitne ['wittne] ⟨-et, -er⟩

ziehen trekke ['trecke] ⟨trakk, trukket⟩ → 73

Ziel mål [mohl] ⟨-et, -⟩

Zigarette sigarett [siga'rett] ⟨-en, -er⟩ → 52

Zimmer rom [rumm] ⟨-met, -⟩, værelse ['währelse] ⟨-et, -er⟩ → 53ff.

Zoll toll [toll] ⟨-en⟩ → 81

zornig sint [sinnt], sinna ['sinna]

zu *(Richtung)* til [till]; *(geschlossen)* stengt [sstengt]; *(mit adj.)* for[for]

zufrieden tilfreds [till'fredds]

Zug tog [tohg] ⟨-et, -⟩ → 26f.

zumachen stenge ['sstenge] ⟨-te, -t⟩

zurück tilbake [till'bahke]

zusammen sammen ['sammen]

zusätzlich ekstra ['ecksstra], i tillegg [i 'tillegg]

zuschauen kikke på ['chicke poh] ⟨-et, -et/-a, -a⟩

Zuschlag tillegg ['tillegg] ⟨-et, -⟩ → 27

zuschließen stenge ['sstenge] ⟨-te, -t⟩

zuständig ansvarlig [ann'swahrli]

zuviel for mye [for 'müe]

zweifeln, an etw ~ tvile på noe ['twihle po nue] ⟨-te, -t⟩

zwischen mellom ['mellom]